独秀一隅

经典时尚淮海路

主编·苏秉公
副主编·叶谦逊 张林凤

文匯出版社

图书在版编目（CIP）数据

独秀一隅 : 经典时尚淮海路 / 苏秉公主编 ; 叶谦逊 , 张林凤副主编 . -- 上海 : 文汇出版社 , 2023.4
ISBN 978-7-5496-3998-4

Ⅰ . ①独… Ⅱ . ①苏… ②叶… ③张… Ⅲ . ①社区文化—建设—研究—上海 Ⅳ . ① G127.51

中国国家版本馆 CIP 数据核字 (2023) 第 037842 号

独秀一隅

——经典时尚淮海路

主　　编 / 苏秉公
副 主 编 / 叶谦逊　张林凤
责任编辑 / 乐渭琦　周卫民
书名题字 / 王伟民
封面绘图 / 何　青
插　　图 / 何　青　王贵良　刘　沧　吴介平　张寿华　林　琳
装帧设计 / 刘慧芬

出版发行 / 文匯出版社
上海市威海路 755 号　邮政编码: 200041
经　　销 / 全国新华书店
印刷装订 / 浙江经纬印业股份有限公司
版　　次 / 2023 年 4 月第 1 版
印　　次 / 2023 年 4 月第 1 次印刷
开　　本 / 787×1092　1/24
字　　数 / 150 千
印　　张 / 12.5

书　　号 / ISBN 978-7-5496-3998-4
定　　价 / 62.00 元

序

独秀一隅的“淮海街区”

苏秉公

上海各区下属的行政区划是“街道”。每一个“街道”或几个“街道”构成的街区（也称“区片”）都有其独到的历史文化特征及其渊源。按区片来挖掘、宣传区域历史文化资源，开展民间说史活动，有利于深入、全面、更具烟火气地勾勒出上海这座城市的文化本质，更好地体验文化在上海城市发展中的意义。本书是“黄浦岁月”民间说史的首次尝试。其描述的主要是上海黄浦区瑞金二路和淮海中路两个街道构成的历史街区范围内的故事（如下图），我们在此称其为“淮海街区”。该街区大部分区域处于上海市衡山路—复兴路历史文化风貌保护区范围内，面积为 3.39 平方公里，户籍人口约 13 万。

上海的中心城区常常被人描述为“高楼林立”“车水马龙”“灯红酒绿”……而淮海街区则以其特有的贵气独秀一隅，静静地展示着她时尚高雅的气质、多元包容的胸怀以及与时俱进的特性。这一带早年划入法租界，1900 年辟筑的淮海路，至今已有 120 多年。租界当局通过不断完善的城市建筑及管理的法规，实现了城市风貌“法国化”的追求；1917 年俄国十月革命以后，大批俄侨贵族的到来也对这里快速欧化起到了推波助澜的作用。租界里的法制环境、文化教育、生活方式等随之发生了巨大的变化，成为国人了解现代世界的一个重要窗口。如今，这个街区许多百年前的经典建筑风韵依存，给人以典雅、华贵的感觉；随处可见的历史文化名人故居犹如繁星点点，造就了这里特有的气场；淮海路上人们的着装和各类商品的品牌总是引领着上海的时尚；徜徉在梧桐遮蔽下的街道，穿梭于各式洋房、公寓、别墅以及法式园林之间，依然有一种异域风情扑面而来。

租界虽是中国近代史上受列强欺辱的产物，但是上海法租界相对宽松的政治环境又为各种政治势力开展活动提供了条件。辛亥革命以后的五四运动拉开了全民族进行彻底反帝反封建斗争的序幕。国内一批接受了马克思主义思想的知识分子聚集到当年环龙路、望志路（今淮海街区）一带，积极探索以社会主义来实现中国现代化的道路。他们联络全国各地的马克思主义者，在老渔阳里建立了中国共产党发起组并开展了一系列的建党筹备工作。1921 年 7 月，中国共产党第一次全国代表大会在兴业路（旧时望志路）召开，宣告了中国共产党的诞生，这是中国历史上开天辟地的一件大事，也为淮海街区特制了一张一枝独秀的名片。

独秀一隅

除了中国共产党诞生地之外，这个街区还镌刻下多个政治党派的历史印迹。孙中山故居、孙中山行馆等旧址是孙中山先生在中国革命史上做出重要贡献的见证，5月他在自己的寓所完成了《建国方略》的撰写，描绘了国家建设的宏伟蓝图。1919年孙中山先生将中华革命党改组为中国国民党，党本部事务所就设在南昌路180号（旧时环龙路44号），可以说中国国民党正式的党名诞生于此，以其现名设立的第一个党中央本部也出现在这里。孙中山先生曾在寓所会见过多名中国共产党人及共产国际代表，为第一次国共合作奠定了基础，并在此设立了第一次国共合作时期的国民党中央上海执行部。这段历史在中国国民党党史上具有相当重要的地位。另外，中国共产党领导的多党合作是我国一项基本的政治制度，全国八个参政党中有两个也诞生在淮海街区：一个是1930年8月在今淡水路332弄1号诞生的，即邓演达主持召开第一次全国干部会议正式成立了中国国民党临时行动委员会，她是中国农工民主党的前身；另一个是1945年12月在今黄浦区明复图书馆“会心楼”诞生的，由马叙伦、王绍鏊等26位爱国民主人士开会成立的中国民主促进会。这些政党的诞生及其推进中国社会进步的各类活动，同样体现了中华儿女为民族振兴矢志不渝、砥砺前行的奋斗精神，为人文景观独秀的淮海街区又增添了一抹绚丽的色彩。

淮海街区历史底蕴深厚且多姿多彩，是一部值得细细品读的大书。中国共产党为什么会诞生在法租界？法租界对中国社会走向现代化有什么影响？这个街区对上海文化特征的形成起了何种作用？诸如此类，都可以在这个街区中慢慢探究和思索。在中国共产党建党百年之际，《独秀一隅——经典时尚淮海路》一书出版了。这本书由一群对这个街区怀有特殊情感的志愿者创意编写，他们或出生、成长于此，或读书、工作于此，所写文章贴近实际，有血有肉。从他们的讲述中，可以多角度进一步了解中国共产党这个特殊“初心之地”的历史和发展变化，以及在城市更新进程中实现文化传承的一些细节。

“黄浦岁月”之民间说史活动，将在黄浦区不同的街区逐步展开，期待有更多的志愿者积极参与，奉献佳作，为上海加快国际大都市的文化建设，提升文化软实力贡献一份力量。

独秀一隅

序

在我的书房怀想上海

——序《独秀一隅——经典时尚淮海路》

赵丽宏

《独秀一隅——经典时尚淮海路》介绍的是淮海路街区的历史人文典故，折射的却是上海100年的历史，是上海风情的汇集，是海派文化的展示。我在淮海路住了20多年，书中介绍的地点，大多是我熟悉的，但是读书中的文章，我还是了解到很多原先不了解的历史和往事。对一个老上海人是如此，对外地人，这样的书就更有可读性了。策划主编这套书的苏秉公先生是我的老朋友，他多年从事对海派文化的研究，并邀集很多志同道合的朋友，一起来追溯上海的历史，搜集城市的记忆，书写曾经发生或者正在发生的上海故事。这套书的出版，就是他们努力的结果，也是海派文化的一次丰富生动的呈现。秉公先生请我为此书作序，我很自然地想起多年前写的一篇散文《在我的书房怀想上海》，我的书房就在淮海路，在书房里经常很自然地联想附近发生的历史故事，怀想这座城市的历史景象和文化风貌，于是有了这篇写上海的散文。我想，用这篇文章代序，应该还是切题的吧。

我在上海生活70年，见证了这个城市经历过的几个时代。苏东坡诗云“不识庐山真面目，只缘身在此山中”，很有道理。要一个上海人介绍或者评说上海，有点困难，难免偏颇或者以偏概全。生活在这个大都市中，如一片落叶飘荡于森林，如一粒沙尘浮游于海滩，渺茫之中，有时不知自己身在何处。

有人说上海没有古老的历史，这是相对西安、北京和南京这样古老的城市。上海当然也有自己的历史，如果深入了解，可以感受它的曲折幽邃和波澜起伏。我常常以自己的书房为坐标，怀想曾经发生在上海的种种故事，时空交错，不同时代的人物纷至沓来，把我拽入很多现代人早已陌生的空间。

我住在上海最热闹的淮海路，一个世纪前，这里是上海的法租界，是国中之国，城中之城。中国人的尴尬和耻辱，和那段历史联系在一起。不过，在这里生活行动的，却大多是中国人，很多人物和事件在中国近代和现代的历史中光芒闪烁。

和我的住宅几乎只是一墙之隔，有一座绛红色楼房，一座融合欧洲古典和中国近代建筑风格的小楼，孙中山曾经在这座楼房里策划他的建国方略。离我的住宅不到两百米的渔阳里，是一条窄窄的石库门弄堂，陈独秀曾经在一盏昏暗的白炽灯下编辑《新青年》。离我的住宅仅三个街区，便是中国共产党第一次代表大会召开地。从我家往西北方向走三四个街区，曾经是犹太人沙逊为自己建造的私家花园。沙逊来上海前是个籍籍无名的穷光蛋，在这个冒险家的乐园大展身手，成为一代巨贾。从我的书房往东北方向四五公里，曾经有一个犹太难民据点，二战期间，数万犹太人从德国纳粹的魔爪下逃脱，上海张开怀抱接纳了他们，使他们远离了死亡的阴影。从我书房往东几百米，有大韩民国临时政府旧址，那栋石库门小楼里，曾是流亡的韩国抗日爱国志士集聚之地。这是一个很有意思的现象，身处水火之中的上海，却慷慨接纳了来自四面八方的异乡游子。

淮海路离我的书房近在咫尺，站在走廊尽头的窗户向南望去，可以看到街边的梧桐树，可以隐约看见路上来往的行人和车辆。很自然地会想起这百年来曾在这条路上走过的各路文人，百年岁月凝缩在这条路上，仿佛能看见他们的身影从梧桐的浓荫中飘然而过。徐志摩曾陪着泰戈尔在这里散步，泰戈尔第二次来上海，就住在离这儿不远的徐志摩家中。易卜生曾坐车经过这条路，透过车窗，他看到的是一片闪烁的霓虹。罗素访问上海时，也在这条路上东张西望，被街上西方和东方交会的风韵吸引。年轻的智利诗人聂鲁达和他的一个朋友也曾在这条路上闲逛，他们在归途中遇到了几个强盗，也遇到了更多善良热心的正人君子。数十年后他回忆那个夜晚的经历时，这样说：“上海朝我们这两个来自远方的乡巴佬，张开了夜的大嘴。”

我也常常想象当年在附近曾有过的作家聚会，鲁迅、茅盾、郁达夫、沈从文、巴金、叶圣陶、郑振铎，在喧闹中寻得一个僻静之地，一起谈论他们对中国前途的憧憬。康有为有时也会来这条路上转一转，他和徐悲鸿、张大千的会见，就在不远处的某个空间。张爱玲一定是这条路上的常客，这里的时尚风景和七彩人物，曾流动到她的笔下，成为那个时代的飘逸文字。

有人说，上海是一个阴柔的城市，上海的美，是女性之美。我对这样的说法并无同感。和我居住的同一街区，有京剧大师梅兰芳住过的小楼。梅兰芳演的是京剧花旦，但在我的印象中，他却是个铁骨铮铮的男子汉。抗战时期，梅兰芳就隐居在那栋小楼中，蓄须明志，誓死不为侵略者唱一句。从我的书房往东北走三公里，在山阴路的一条弄堂里，有鲁迅先生的故居，鲁迅在这里度过了生命的最后九年，这九年中，他写出了多少有阳刚之美的犀利文字。从我的书房往东北方向不到两公里，是昔日的游乐场大世界，当年日本侵略军占领上海武装游行，经过大世界门口时，一个青年男子口中高喊“中国万岁”，从楼顶跳下来，以身殉国，日军震愕，队伍大乱。这位壮士，名叫杨剑萍，是大世界的霓虹灯修理工。如今的上海人，有谁还记得他？从大世界再往北，在苏州河对岸，那个曾经被八百壮士坚守的四行仓库还在。再往北，是当年淞沪抗战中国军队和日本侵略军血战的沙场。再往北，是面向东海的吴淞炮台，清朝名将陈化成率领将士在那里抗击入侵英军，誓死不降……

我的书房离黄浦江有点距离。黄浦江在陆家嘴拐了个弯，使上海市区的地图上出现一个临江的直角，这样，从我的书房往东或者往南，都可以走到江畔。往东走，能走到外滩，沿着外滩一路看去，数不尽的沧桑和辉煌。外滩，如同历史留给人类的建筑纪念碑，展现了上世纪的优雅和智慧，而江对岸，浦东陆家嘴新崛起的现代高楼和巨塔，正俯瞰着对岸曲折斑斓的历史。往南走到江畔，可以看到建设中的世博会工地，代表着昔日辉煌的造船厂和钢铁厂，将成为接纳天下的博览会，这里的江两岸，会出现令世界惊奇的全新景象。一个城市的变迁，缓缓陈列在一条大江的两岸，风云涌动，波澜起伏，犹如一个背景宽广的大舞台，呈示在世人的视野中。

上海的第一条地铁，就在离我书房不到 60 米的地底下。有时，坐在电脑前合眼小憩时，似乎能听见地铁在地下呼啸而过的隐隐声响。在上海坐地铁，感觉也是奇妙的。列车在地下静静地奔驰，地面的拥挤和喧闹，仿佛被隔离在另外一个世界。如果对地铁途经的地面熟悉的话，联想就很有意思，你会想，现在，我头顶上是哪条百年老街，是哪栋大厦，是苏州河，或者是黄浦江……列车穿行在黑暗和光明之间，黑暗和光明不断地交替出现，这使人联想起这个城市曲折的历史：黑暗—光明—黑暗—光明……令人欣喜的是，前行的列车最终总会停靠在一个光明的出口处。

我曾经陪一位来自海外的朋友登上浦东金茂大厦的楼顶，此地距地面400余米，俯瞰上海，给我的感觉，只能用惊心动魄这样的词汇来形容。地面上的楼房，像一片浩渺无边的森林，在大地上没有节制地蔓延生长，逶迤起伏的地平线勾勒出人的智慧，也辐射着人的欲望……我想在这高楼丛林中找到我书房的所在地，然而无迹可寻。密密麻麻的高楼，像一群着装奇异的外星人，站在人类的地盘上比赛着他们的伟岸和阔气。而我熟悉的那些千姿百态的老房子，那些曲折而亲切的小街，那些升腾着人间烟火气息的石库门弄堂，那些和悠远往事相连的建筑，已经被高楼的海洋淹没……

历史当然不会随之被湮灭。在记忆里，在遐想中，在形形色色的文字里，历史如同一条活的江河，正静静地流动。走出书房，在每一条街巷，每一栋楼宇，每一块砖石中，我都能寻找到历史的足迹。以一片落叶感受森林之幽深，以一粒沙尘感知潮汐之汹涌，我看到的是新和旧的交融和交替。我生活的这个城市，就是在这样的交融和交替中成长着。

序

星火之地 001

人物故事 045

建筑史话 083

文脉馨香 129

百年商号 193

城区变迁 221

跋

编后记 | 279

漫步品读上海淮

百年商号

❶ 红房子西菜馆
❷ 光明邨大酒家
❸ 上海哈尔滨食品厂
❹ 古今内衣

建筑史话

❶ 上海锦江饭店
❷ 上海科学会堂
❸ 原法租界会审公廨
❹ 原法租界警务处
❺ 尚贤坊
❻ 明复图书馆
❼ 复兴公园
❽ 淮海公园
❾ 上海瑞金宾馆

❶ 国泰电影院
❷ 兰心大戏院
❸ 向明中学
❹ 中华职业教育社
❺ 上海瑞金医院
❻ 上海交通大学医学院
❼ 上海圣百多禄堂
❽ 法藏讲寺
❾ 上海社会科学院
❿ 文化广场

文脉馨香

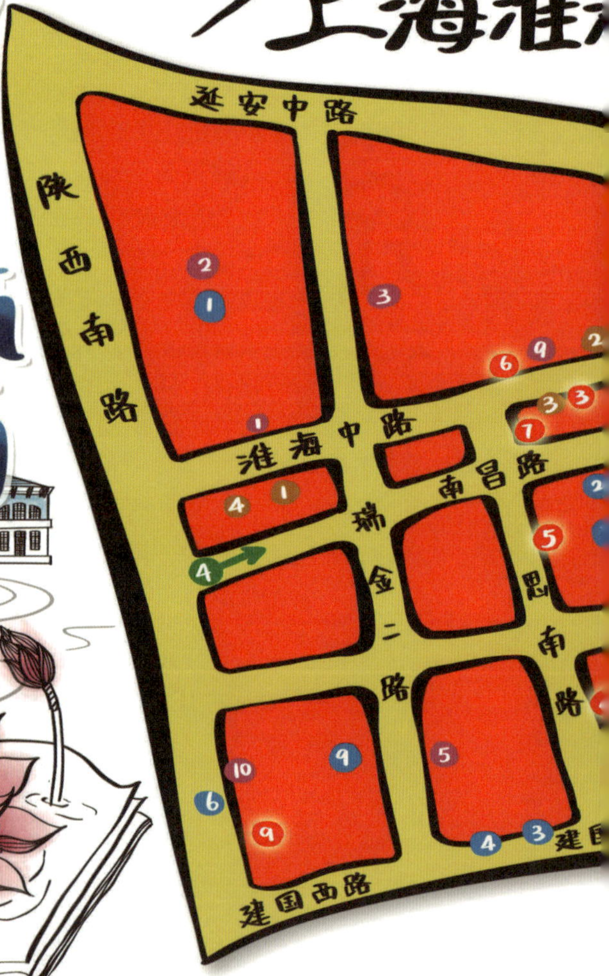

PINDU

历史街区

（部分景点示意）

城区变迁

❶ 新天地
❷ 思南公馆
❸ 淮海路新貌
❹ 南昌路街区

星火之地

① 中国共产党第一次全国代表大会会址纪念馆
② 中国共产党发起组成立地（《新青年》编辑部）旧址
③ 中国社会主义青年团中央机关旧址
④ 中国共产党代表团驻沪办事处纪念馆(周公馆)
⑤ 上海孙中山故居纪念馆
⑥ 上海孙中山行馆旧址
⑦ 国民党上海执行部
⑧ 中国农工民主党第一次全国干部会议会址
⑨ 中国民主促进会成立旧址纪念馆

人物故事

特有魅力 独秀一隅

画书

独秀一隅

星火之地

有人说，方圆仅3.39平方公里的淮海路街区，竟然是中国近代史上众多革命政党、团体的诞生之地，也是为中华民族谋求独立解放的星火之地，你可以在此纵览中国共产党的厚重发展史，领略风起云涌的时代……

中国的红色征程从这里起航

李 红

走在繁华的淮海中路，享受梧桐树的荫翳清凉，穿梭于琳琅满目的店面，无论上海市民还是外地游客，都沐浴着人世间的静好。而这岁月静好的源头，可以回溯到1920 年渔阳里开辟的近代中国的红色曙光。

20 世纪 20 年代，得益于法租界优越的地理位置和相对宽松的政治氛围，新、老渔阳里既是名人荟萃的居住地，又成为中国共产党发起组、社会主义青年团的发祥地。

老渔阳里建于 1912—1916 年，内有砖木结构两层石库门楼房 8 幢，其中老渔阳里 2 号（今南昌路 100 弄 2 号）坐北朝南，是二层砖木结构的旧式石库门住宅，原为辛亥革命时期安徽都督柏文蔚的私宅，人称“柏公馆”。辛亥革命时期，陈独秀因“学识优长，宗旨纯一”，被任命为安徽都督府秘书长，两人私谊深厚。1920 年 2 月 19 日，陈独秀由密友李大钊亲自护送到天津，后转乘火车到上海。在途中，他们商定了一件严肃而重大的事件——计划组建中国共产党！3 月间，陈独秀接受柏文蔚的邀请，入住老渔阳里 2 号。

仿佛有着神奇的磁力，这里先后聚集了李汉俊、俞秀松、邵力子、沈玄庐、陈望道、李达、施存统等一批新文化运动者和早期共产主义者。沈玄庐、李汉俊是《星期评论》的主笔，邵力子是《民

现在的老渔阳里2号外景

▲ 陈独秀

国日报》主编，陈独秀是《新青年》的创办人，几大笔杆均住在法租界，彼此相距不远，大家往来甚密，经常座谈讨论社会主义和改造中国的问题。一时间法租界渔阳里一带，悄然热络起来。据陈望道回忆：大家住得很近（都在法租界），经常在一起，反复地谈，越谈越觉得有组建中国共产党的必要。是时上海已成为逾出新文化范畴的进步知识分子的思想聚集地。

在那个风雨激荡的年代，海内外先进知识分子齐聚老渔阳里，开展建党活动。由于苏俄代表团的到来，加快了建党步伐。1920 年 3 月，经过俄共（布）中央正式批准，俄共（布）远东局成立，该局负责同远东地区各国革命者的联系工作。在取得共产国际的同意后，同年 4 月，俄共（布）远东局海参崴分局的外国处，向中国派出了一个代表团。代表团的负责人为俄国人魏金斯基。[①] 为了工作便利，他还给自己取了一个中国名字，叫吴廷康。俄共（布）代表团一行五人，以俄文报纸《生活报》记者的身份，于 1920 年 4 月初来到北京。经李大钊牵线，旋即来到上海拜晤陈独秀。在双方多次商谈后，陈独秀决定：

① 材料引自：中共中央党史研究室第一研究部译《共产国际、联共（布）与中国革命档案资料丛书》第 1 卷中的《关于俄共（布）中央西伯利亚局东方民族处的机构和工作问题给共产国际执委会的报告》（摘录）一文，北京图书馆出版社 1997 年版，第 50 页。

研究马克思主义现在已经不是最主要的工作，现在需要立即组建中国共产党。1920 年 6 月间，陈独秀、俞秀松、李汉俊、陈公培、施存统五人在老渔阳里 2 号《新青年》编辑部，成立中国第一个共产党早期组织。参会人员还草拟了一份党纲，共 10 条，其中包括运用劳工专政、生产合作等手段达到社会革命的目的。今天，老渔阳里 2 号的铭牌——中国共产党发起组成立地（《新青年》编辑部）旧址，记录了这段珍贵的历史。

老渔阳里 2 号还是中国共产党发起组机关刊物的编辑处。1920 年 8 月，陈独秀在老渔阳里 2 号改组《新青年》，使之成为中国共产党发起组的第一个机关刊物。《新青年》宣传马克思主义，并特设“俄罗斯研究”专栏，用社会主义和马克思主义的思想来引导读者。8

▼ 现在的老渔阳里 2 号内景

▲ 当年这里是陈独秀的会客厅

月15日，《劳动界》周刊创办，这是中国共产党创办的第一份专门向工人宣传革命理论的通俗读物。11月7日，由李达主持创办的半公开机关刊物《共产党》月刊，其编辑部就设在老渔阳里2号，后来随李达搬往南成都路辅德里625号（今老成都北路7弄30号）。据包惠僧回忆：“这时的老渔阳里2号楼下统厢房陈望道住过，楼上亭子间李达住过……楼下的堂屋堆满了《新青年》杂志和新青年社出版的丛书，统厢房前半间有一张假红木的八仙方桌，有几把椅子、几个凳子，没有什么红木家具。楼上的统厢房是陈独秀夫妇的卧室，统楼是陈独秀的书房，书柜书架堆满了书，排列在东北两方。靠南的窗下有新写字台，写字台的两边都有椅子。”

因缘际会，1920—1921年，很多早期共产党人来老渔阳里2号拜访陈独秀，参加上海早期工人运动等，在此确立了马克思主义信仰，走上了为共产主义奋斗的道路。1920年6月，毛泽东第三次来上海，前往老渔阳里2号陈独秀寓所，一起探讨马克思主义和湖南革命运动。毛泽东回忆说：“在那里我第二次见到了陈独秀。我第一次同他见面是在北京。他对我的影响也许比其他任何人的影响都大……这是我一生中最关键的时刻，到1920年夏，在理论上而且在某种程度的行动上，我已成为一个马克思主义者，而且从此我也认为自己是一个马克思主义者了。”林伯渠也回忆说：“1920年12月，我到了上海会见陈独秀，遂加入上海的共产主义研究小组。”

1921年中共一大召开后，老渔阳里2号成为中共第一个中央局机关办公场所。中共一大召开时，陈独秀尚在广州，1921年9月，他返回上海主持中央工作，中共中央工作部就设在他家里。11月，陈独秀在老渔阳里2号第一次以“中央局书记”的名义，向各地党组织发出了《中国共产党中央局通告》，部署党的组织和宣传工作。通告要求各区全力组织铁路工会，特别强调上海、北京、广州、武汉、长沙五区，1922年7月前发展党员至30人，各区成立执行委员会；同时发展青年团组织，在1922年7月前团员超过2000名；建立铁路工会，注意开展青年及妇女运动等，以便1922年7月召开二大时成立中央执行委员会。

1921年10月、1922年8月，陈独秀连续两次在老渔阳里2号被捕，此事引起共产国际和中共中央的注意，决定让陈独秀单独隐蔽起来，其住址保密。1922年10月中旬，中共中央暂迁北京，陈独秀奉命前往苏俄出席共产国际第四次代表大会。至此，老渔阳里2号结束了中共中央领导机关的历史使命。

20世纪20年代初，老渔阳里2号这幢石库门里弄里，以陈独秀为代表的中国早期马克思主义分子云集于此，完成了创建中国共产党早期组织的丰功伟业，中国的红色征程从这里起航，走向辉煌的未来。

▲ 发起组织中国共产党活动的合成图片

▲ 一大纪念馆建筑群远眺
▶ 一大纪念馆正立面

◀ 中共一大会址

阅读
中共一大纪念馆建筑群

▲ 入党宣誓大厅

陈业伟

在庆祝中国共产党成立 100 周年之际，上海又涌现一座红色文化地标：中共一大纪念馆建筑群。

中共一大纪念馆位于太平湖畔，临水而建，形成依湖傍水的意境，并与太平湖和中共一大会址三者连成整体，组成一个红色纪念建筑群。红色地标见证中国共产党壮阔的世纪征程，也成为人们回望来路，

▲ 国旗广场

▲ 太平湖公园

◀ 中共一大纪念馆依水而建，建筑群的前方水面系太平湖

淬炼信仰的生动课堂；中共一大纪念馆，也以厚重的红色历史起点和典雅的石库门建筑风格，成为上海一张新的文化名片。

建筑群运用中国传统的南北中轴线，东西对称的空间布局结构，形成“中正平和”的组合形态，彰显中国传统文化的“和合”精神，充分体现“中和之美”的美学特征。

中共一大纪念馆建筑群由四大要素组成。

太平湖：是一个人工湖，因位于原太平桥地区而得名，太平湖公园总面积为4.1万平方米，其中湖面面积1万平方米。湖水荡漾，波光粼粼，绿树成荫，花团锦簇，不时有鸟儿啁啾；弯曲的湖岸，环绕成一条美丽的弧线，种植以红橙为主色的花卉植物，形成“红色飘带”，衬托一大纪念馆建筑群，是市民亲水休闲的好去处。

中共一大会址：原楼建于1920年夏秋，与左右紧邻的4幢同类房屋同时建成。为上海典型的石库门旧式里弄住宅建筑，外墙以清水青砖墙为主，镶以红砖水平带装饰；硬山屋顶，山墙为中西合璧的观音兜带裙肩跌落式，屋面覆盖小青瓦；石库门门框围以米黄色花岗岩石条，黑漆大门上配两个铜环；西式半圆形门楣上部有褚红色拱形堆塑雕花，中间有盾牌花饰。中共一大会址最让人印象深刻的是沿街5幢石库门及其有盾牌花饰的西式半圆形门头山花装饰。原有楼房共2排9幢，一上一下，砖木结构坐北朝南。其中，南面1排5幢房屋沿兴业路（原望志路），会址在西首两幢，兴业路76号 。中国共产党第一次

▲ 一大纪念馆东立面

▲ 中共一大代表开会蜡像

全国代表大会，于 1921 年 7 月 23 日至 30 日，在楼下客厅举行。制定并通过了党的第一个纲领和第一个决议，选举产生了党中央领导机构，宣告中国共产党诞生。

中共一大纪念馆：新建的中共一大纪念馆，采用庄严的拱形石雕门设计，青砖和红砖相结合的清水外墙；门头门楣呈现典型的石库门风格，与周边的太平湖公园、新天地等融为一体；屋顶的半圆拱全部采用砖红色，体现了“旭日东升”的寓意，尤其是立面清水青砖墙中间镶嵌几条砖红色的彩条，打破了清一色的单调，是设计的点睛之笔，使色彩淡雅、朴实敦厚、大气怡然、亲和祥瑞的建筑形态，彰显活力和亮丽之神。纪念馆的建筑立面既有石库门风格之似，但又高于石库门风格之形。故云，这是一幢既有形态又有神态的建筑。

新建的中共一大纪念馆建筑面积约 9600 平方米，包括基本陈列展厅、报告厅、观众服务中心等设施，较一大会址老展厅的建筑面积有大幅增加。纪念馆位于东西向中轴线的两侧，左右对称形成两组建筑，每组由两幢石库门建筑组成，使之有足够的面宽和街面，对称建筑的美感尽在平衡中。保留石库门建筑风格的新纪念馆，与一大会址隔街相望，交相辉映，共同组成中共一大纪念馆建筑群。

中共一大纪念馆序厅采用穹顶式结构，正中间设有一大代表铜像，周围镌刻《中国共产党第一个纲领》。序厅中一组雕塑群像，是当时参加中共一大会议的代表步伐坚定地迈出石库门，象征中国共产党从这里诞生、出征，走向全国。

太平湖与纪念馆之间，留出一大片空间形成一个广场，面积有 1500 平方米，此是设计的亮点。广场面朝太平湖，背靠纪念馆，是一个滨水空间，建筑有湖面的衬托，使广场充满活力和朝气，也使纪念馆有一个开阔的视野供参观者更好地瞻仰和摄影留念，成为众多游客感受红色魅力的打卡地。

还有一处重要的对景是广场上的国旗。旗杆高度为 19.21 米，代表了中国共产党的诞生之年，旗杆底部设计了 31 片花瓣，花瓣有 56 个石榴籽紧紧包围，象征 56 个民族大团结。

中共一大纪念馆建筑群的总体布局，将太平湖包容进来，是十分有智慧的构思，因为纪念馆与水结合使建筑群增添了灵动，多了一份特殊的内涵。纪念馆位于太平湖畔，又不禁使人联想到南湖和红船，于是上海太平湖畔的中共一大纪念馆与嘉兴南湖的红船，相互呼应，交相辉映。

▲ 中共一大代表雕塑群像

中共发起组领导的第一个工会

——上海机器工会

谢徽

上海机器工会雕塑作品

上海机器工会是中国共产党发起组领导成立的第一个工会组织，在中共党史、中国工运史上具有重要地位。

2021 年 6 月 21 日，在上海机器工会事务所临时会所遗址附近的太平湖绿地，毗邻中共一大纪念馆，“新生的力量——上海机器工会纪念雕塑”正式落成。雕塑高约 2.2 米，宽约 3 米，重约 1.5 吨，采用青铜锻造，由上海大学美术学院蒋铁骊教授团队设计制作，上海市总工会、中共黄浦区委、黄浦区人民政府、上海电气集团、上海机电工会共同建设。

作品中的六位工人形象的人物或坐或站，其中坐着的一位工人拿着书本，边上放着长衫，寓意党的早期组织中的先进知识分子脱下长衫到工人中去，向广大工人宣传马克思主义思想，并与觉悟的工人一起，成立了党的早期组织领导下的第一个工会组织——上海机器工会，翻开了中国工人运动新的历史篇章。

雕塑象征着在马克思主义思想的指引下，在中国共产党的领导下，中国工人阶级的团结和力量。雕塑中出现的各类工具，既体现出机器工会的特定性质，更表达出中国工人阶级作为新生的力量走上了历史舞台。

▲ 上海机器工会临时会所旧貌（位于黄浦区自忠路，原西门路泰康里 41 号，资料照片）

上海机器工会纪念雕塑所表述的历史背景是：1920 年，随着中国共产党早期组织——中共发起组的成立，中共发起组成员陈独秀、李汉俊、陈望道等人，一致认为号召有觉悟的工人联合起来，组织真正的工人团体势在必行。同年 8 月，江南造船所锻工李中受中共发起组的委托，联合其他觉悟工人，发起组织上海机器工会。

李中原是知识分子，因常看《新青年》，思想进步很快。他多次找陈独秀请教，在陈独秀的教育与引导下，李中通过蔡和森介绍，进入蔡父（蔡容峰）工作过、当时拥有 3000 多名工人的江南造船所当打铁工，并将原名李声澥改为李中。之所以改为李中，据说，是为了便于工友呼叫。李中一面学打铁，一面通过同乡工友广泛联络工人群众，在厂内开展机器工会的筹备工作。他与陈独秀一起商订机器工会的章程，还把《上海机器工会章程》抄送给杨树浦电灯厂工人陈文焕，陈文焕按照章程的要求，在电灯厂积极开展工会的筹建活动。

1920 年 10 月 3 日下午 5 时到 7 时，李中和陈文焕等在渔阳里 6 号外国语学社

▲ 上海机器工会成立大会旧址（今凤阳路 186 号）

上海机器工会雕塑

召开发起会，到会的有上海造船厂、电灯厂、厚生纱厂、东洋纱厂、恒生纱厂等各厂工人代表 80 余人。李中为临时主席，并在会上作报告。他说，上海机器工会的宗旨是："谋本会会员的利益，除本会会员的痛苦。但是要达到这个宗旨，第一不要变为资本家利用的工会；第二不要变为同乡观念的工会；第三不要变为政客和流氓把弄的工会；第四不要变为不纯粹的工会；第五不要变为只挂招牌的工会。这五种工会，都是妨碍我们工人的组织，我们很该留心注意。我希望我们这个工会，不和资本家握手，不和政客流氓握手，不分同乡不同乡。"

李中宣布，到会的还有六名"参观者"：陈独秀、杨明斋、李汉俊、李启汉、王平、吴溶沧，并欢迎他们成为机器工会的"名誉会员"。

随后，上海机器工会在泰康里 41 号（今自忠路、顺昌路西南一带，即为自忠路 225 号）设立临时事务所。临时会所原为一幢坐南朝北砖木结构的两层沿街住宅，现改建为翠湖天地住宅小区，即纪念雕塑所邻近的自忠路南侧。

在上海机器工会发起组的推动下，同年 11 月 21 日，上海机器工会在白克路 207 号（今凤阳路 186 号）上海中国公学召开成立大会。近千人出席此次大会，孙中山、陈独秀到会做了激动人心的演讲。孙中山的演说有两小时之久，详述机器与资本势力之关系，而归宿于三民主义。陈独秀希望机器工会，当以纯粹之工人组织，万不可使资本家插足其间，以免被其利用。

上海机器工会从发起到召开成立大会的两个多月内，会员从 80 人发展到了 370 余人，并出版有《机器工人》刊物。《民国日报》《申报》《时报》均对此进行了报道。

上海机器工会成立之后，相继组织开展工人运动。如 1921 年 11 月，参加组织上海各业工会代表团；1922年1月8日，参与发起召开工界外交大会，反对帝国主义在华盛顿会议上损害中国主权和北洋政府的媚外行径；参加每年“五一”纪念会和示威游行；组织“澳门外交后援会”，反对澳门葡萄牙当局侮辱中国妇女、杀害中国工人和市民的暴行；组织“香港海员后援会”“浦东纺织工人经济后援会”，支援大罢工活动。

1923 年，京汉铁路工人罢工遭到北洋军阀血腥镇压后，上海与全国各地一样，绝大多数工会均遭封闭和摧残，上海机器工会也被迫终止活动。①

上海机器工会成立后，中国共产党在诸如印刷、烟草、纺织、码头等行业，通过上海机器工会的组建样式，广泛发动工人筹建工会组织，启发工人觉悟，上海工人运动随之迎来了风起云涌的崭新局面，在中国工人运动和工会发展史上树立了不朽的历史丰碑！

① 资料来源：上海地方志办公室—专业志—上海工运志—第七篇“中国共产党领导、影响的工会、团体”—第一章“上海共产主义小组帮助组建的工会、团体”，www.shtong.gov.cn

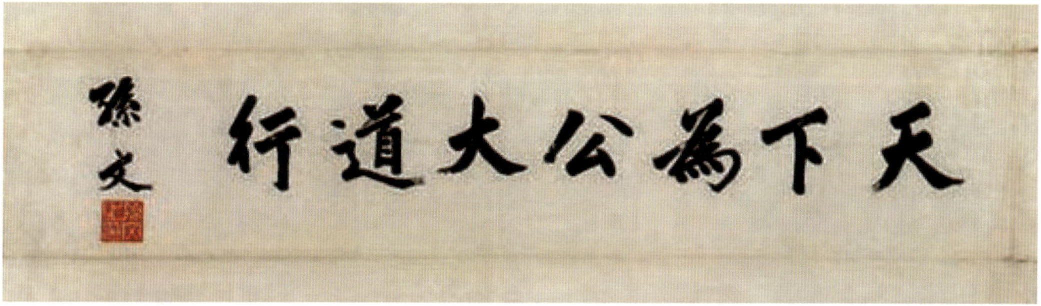

▲ 孙中山书“天下为公大道行”横幅

孙中山在沪重要活动地寻踪

张健

孙中山（1866—1925），中国近代民族民主主义革命的开拓者，中国民主革命的伟大先行者。孙中山革命生涯40年中，在上海留下了无数光辉的身影，这里循着时间的脚步追寻三处伟人重要的活动地。

宝昌路408号（今淮海中路650弄3号）

1911年12月25日，孙中山乘“丹佛号”邮轮驶抵浦东码头，接着由“江利轮”在薄雾中驰至三马路（汉口路）海关码头，欢迎他的人挤满站台，各报记者争相采访。

▲ 香山路7号孙中山故居

因盛传孙中山携巨款回来，纷纷发问，孙中山答道：“予不名一文钱也，所带回者革命之精神耳！”当日，孙即下榻宝昌路408号的行馆，这是沪军都督陈其美特意为孙中山预备的住所。因正值圣诞，租界当局在宅内派六人驻守，宅外派岗哨加班巡逻，陈其美又派卫兵站立门口荷枪守卫。第二天晚上，孙中山在行馆召集同盟会最高层干部会议，黄兴、宋教仁、陈其美、张人杰、马君武、胡汉民、居正等出席，讨论筹建民国临时政府方案。27日晚继续讨论协商方案。从1911年12月25日至1913年8月2日二次革命讨伐袁世凯失败流亡日本的一年多时间里，宝昌

路408号是孙中山在沪期间主要工作与生活的场所。

环龙路63号（今南昌路59号）

1916年5月1日，孙中山从日本回国，暂住在法租界萨坡赛路（今淡水路）14号日本友人山田纯三郎的家里，不久便秘密租赁环龙路63号为寓所。环龙路63号是一幢两层小楼房，楼下有客厅、餐室、会客室，楼上有办公室、卧室，再上有假三层。楼房正面上下为阳台，各有一拱门，楼下沿着阳台筑有一米高围墙，由东首石阶进入内院，前院连着一片正方形的草坪，三面围以竹篱，花园内花木葱翠。10月14日，孙中山在寓所接见日本友人宫崎寅藏。11月14日，接见上海民鸣社顾无为。顾向孙中山报告亲演《孙中山伦敦被难记》新剧，租界捕房以孙中山本人不愿为由禁演。孙中山毫不犹豫掏出名片，写明“民鸣社演《孙中山伦敦被难记》，本人并不反对，给予支持”。孙中山在环龙路寓所写成的重要著作有：1917年2月，《会议通则》（又名《民权初步》），4月由上海中华书局出版单行本。6月写成英文《实业计划》一书的“第一计划”。1917年7月1日，张勋等起兵，在北京拥戴废帝溥仪复辟，孙中山当晚在寓所接见国会议员吴宗慈等商谈讨伐事宜。3日上午孙中山与唐绍仪、章太炎、程璧光、陈友仁及海陆各军政党要人继续在环龙路寓所举行会议，会议决定通电全国、南下护法，讨伐叛逆，并发表讨逆宣言。7月8日，孙中山偕廖仲恺、朱执信、章太炎、陈炯明等乘“海琛号”军舰离沪赴广州，

▲1916年5月1日孙中山从日本回到上海寓居环龙路63号（今南昌路59号）

▲ 1911 年 12 月 26 日晚，孙中山（左二）与黄兴等人在上海行馆举行同盟会最高干部会议，讨论组建临时政府等事宜

▲ 在环龙路 63 号（今南昌路 59 号）寓所的孙中山先生

成立护法军政府，决心根除元凶，恢复约法。现该处新建科学会堂大楼。

莫利爱路 29 号（今香山路 7 号）

1918 年 5 月 4 日，孙中山一纸通电，辞去了护法军大元帅职，转而回到上海，住进了莫利爱路 29 号的寓所，这是加拿大华侨集资捐赠孙中山的房子。房子为两层欧式楼房，坐北朝南，占地面积 1013 平方米，建筑面积 452 平方米。孙中山深居简出，闭门著书立说，写就了《孙文学说》《实业计划》两篇，连同《民权初步》，合编为《建国方略》，正式出版。

1919 年，苏维埃俄国第一次对华宣言，以及张斯麐带回的第二次对华宣言，宣布完全废除沙俄时期所强加于中国的不平等条约和一切特权，使孙中山受到极大的鼓舞。孙中山在上海致函列宁表示敬意说："您发表的对华声明[①]，使我国人民

① 指苏维埃俄国第二次对华宣言。

充满了希望。中国人民愿将俄国视为中国友邦，从此，中国摆脱帝国主义列强，取得民族解放也就有了指望。①

1920年，孙中山在上海曾收到列宁经由伦敦拍发的法文电报，邀请他前往苏俄实地考察。②由于国内复杂的斗争情况，孙中山不便离开而婉言辞谢。于是列宁派遣苏俄、共产国际代表来中国会见孙中山，帮助中国革命。

1921年末至1922年初，共产国际殖民地委员会秘书马林与孙中山进行了三次长谈。1922年8月，马林第二次来到中国，促成国共两党合作。8月23日，李大钊由北京抵沪，赴莫利爱路29号会见孙中山，双方详细讨论了“振兴国民党以振兴中国之问题”。不久，由孙中山亲自主盟，陈独秀、李大钊、蔡和森、张太雷等共产党员以个人身份，正式加入国民党。1923年1月17日苏联特使越飞抵达上海，第二天即往莫利爱路29号会晤孙中山，随后经历几轮会谈，1月26日，《孙文越飞联合宣言》见诸报端。

如今，斯人已去，余音犹存。

▼ 上海孙中山行馆旧址宝昌路408号（今淮海中路650弄3号）

① 《孙中山集外集》第403—404页。
② （美）韦慕廷著、杨慎之译：《孙中山——壮志未酬的爱国者》第125页。孙中山收到列宁的法文电报，由旅俄的美国记者索科尔斯基翻译，并帮助孙中山准备他的答复。

向中国民主促进会致敬

苏秉公

▲ 纪念馆大门对面草坪上竖立着民进主要创始人马叙伦和王绍鏊的半身铜像

◀ 民进首席代表马叙伦同志代表中国民主促进会在大会发言，热烈祝贺政协第一届全体会议的胜利召开

20世纪60年代，我在中学读书时，教师队伍里除了有一批中共党员外，还有不少民主党派的成员。其中，中国民主促进会支部的许多老师，以他们正直的为人、渊博的学识和生动的授课，受到同学们的敬重。我当年有幸聆听过民进成员宗震益老师的历史课和袁定一老师的物理课，受益匪浅。

1981年，我下乡返城后被虹口区政府机关录用。因工作关系与时任区民进主委的毛智凤老师建立了很好的个人关系。交往中我知道了民进是一个以从事教育、文化、出版工作的高、中级知识分子为主体，具有政治联盟性质的政党；也感受到作为中国八个参政党之一，她是如何同中国共产党亲密合作、共同致力于祖国建设事业的。

意想不到的是，2003年我调到中共卢湾区委工作，居然有缘见证了中国民主促进会成立大会会址确定的过程，这是一件十分有意义且非常荣幸的事。

那时我所分管的工作包含教育、文化及统一战线等。区委全会确定了“外向型格局、内涵式发展、功能性开发、个性化特色”的现代化城区建设战略，制定了文化发展五年纲要（2003—2007），为推进区域文化建设拓展了发展的空间。为了贯彻落实区委的要求，我四处查阅、探访

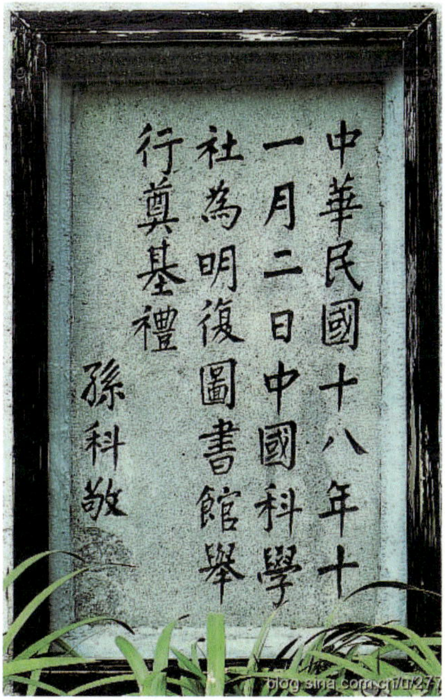

▲ 明复图书馆的奠基石上有孙科的题词

▲ 郑钢淼、蔡达峰、严隽琪、黄震为中国民主促进会成立旧址纪念馆揭牌

▲ 中国民主促进会成立旧址现为教育培训基地

区域内的历史文化资源。不查不知道，一查兴奋无比：这里是一个历史文化资源极其丰富的地区。

坐落在陕西南路 235 号的黄浦区明复图书馆（当年是卢湾区图书馆）就具有很深的历史文化底蕴。该馆时任馆长仓荣卿向我介绍了图书馆的主要建筑——明复楼，他先让我看了由孙中山先生之子孙科题写的奠基石，然后讲了这幢楼的历史。1915 年前后，一批在美国康奈尔大学留学的热血青年深切体会到“科学救国”“教育救国”的重要意义，于是创建了“以共图中国科学之发达”为宗旨的中国科学社。之后，随着成员相继回国，活动逐渐转回国内。1928 年科学社在这里购得三亩土地，用于建造科学社总社舍和图书馆。1931 年元旦，一座设计新颖、极具人性化的全国第一座专业公共科技图书馆正式开馆了，它以中国第一位数学博士、中国科学社重要发起人胡明复的名字命名。面对这样一座具有如此深厚历史渊源的图书馆，仓馆长不无遗憾地告诉我：因使用面积不符合要求，这是一个不达标的区级图书馆。当时考虑，要异地建新馆需要选地、动迁、筹资、建设，不仅不现实，更重要的是这将割断了该馆的历史文脉。于是大家将目光集中到与图书馆一墙之隔的一幢小楼，如果将该楼及其花园纳入，在寸土寸金的中心城区建设一个精致的、有品位的图书馆，虽然使用面积仍有缺口，也会得到市主管部门理解的。当时的张载养区长和我们一起进入小楼查看过，小楼正在进行修旧如旧的装修。拥有该楼产权的一个区属房产经营公司负责人说，他们花了很长时间和巨额资金协商置换了这里原有的八户居民，修整后打算引进一家大企业总部，每年能为区财政增加大量税收。然而，区委、区政府根据“内涵式发展”战

▲ 中国民主促进会旧址（陕西南路 235 号）

▲ 明复图书馆（陕西南路 235 号）

▲ 著名工艺美术大师屠杰创作的紫檀匾额上凸现了马叙伦、王绍鏊先生的肖像，并细刻了参加民进成立会议的会员亲笔签名

略，最终要求区属公司将该楼以低价租给区文化局交由区图书馆使用。这一决定不仅为区图书馆的发展创造了条件，更重要的是这个决定无意中也为中国民主促进会会史研究打开了一个通道。

我到区里工作后，时任民进卢湾区主委、区文化局局长的王涓女士告诉我：区图书馆还是中国民主促进会诞生地旧址，但成立大会会场在哪里始终无法确定。然而，2005 年却成为“民进”会史研究的一个重要年份。年初旅居海外的民进成立大会亲历者，90 岁高龄的宓逸群老先生从加拿大返沪探亲到区图书馆探访时，迈过打开了的小楼围墙，一眼就认出这幢小楼才是原中国科学社的总社舍，民进成立大会就是在一楼客厅里举行的。这一认定无疑是颗震撼弹，引起民进中央和民进市委的高度重视，多年的疑团解开了！从逻辑上分析，中国科学社 1928 年在此购地，所属明复图书馆三年后落成，其间必定是先建了这幢总社舍小楼；科学社成员中有多位是民进创始人，1945 年 12 月 30 日借用此处召开民进成立大会也顺理成章。到了 1956 年中国科学社将此楼捐给了地方政府用作居民住宅，中国科学社总社舍和民进成立大会会址两处旧址逐渐被湮没，人们将对它们的记忆植入了建筑尚存的中国科学社明复图书馆内。

真相大白。图书馆的扩大和修缮增添了新的重要内涵。环境和内部的装饰也根据民进方面的要求做了布局，小楼大门前的绿化中放置了刻有民进中央原主席赵朴初题字的纪念石，客厅里挂放了体现民进历史的紫檀木匾额和相关照片。2005 年 6 月 3 日，民进成员赵丽宏先生的散文赏读会“会心一笑”成为小楼启用后第一个公开读书活动，小楼因此取名为“会心楼”。是年 12 月民进建会 60 周年，全国人大副委员长、民进中央主席许嘉璐先生等民进中央领导来到区图书馆瞻仰民进成立旧址。在会心楼一楼客厅里，许嘉璐主席对我们说：希望在这里放一个书架，他要将讲述民进奋斗历史的书籍陈放于此，把这里作为全会开展多党合作优良传统教育的一个基地。当时的民进中央副主席、上海市主委的严隽琪副市长还专门约见我和文化局、图书馆领导，对区委、区政府的大力支持表示了感谢。此后，各地民进组织经常有人前来瞻仰学习。会心楼里还经常举办各种文化交流、学术讨论、新书发布等活动，成为不少专家学者及普通百姓乐于前往的公共文化空间。我在这里也结识了不少作家、文化人，其中不乏民进组织的成员。

2020 年 12 月 30 日，中国民主促进会成立旧址纪念馆在会心楼正式开馆。日前，我们在上海民进市委研究室谈玲同志的陪同下参观了纪念馆。馆内展示了民进组织及其成员在不同历史时期与中国共产党风雨同舟、肝胆相照的奋斗历程，深受教育。站在会心楼门口，面对绿地中新竖立的民进主要创始人马叙伦和王绍鏊塑像，我心里由衷地想道一声：

向中国民主促进会致敬！

◀ 当年的邓演达
◀◀ 淡水路 332 弄 1 号

邓演达和中国农工民主党“一干会议”会址

戚建豪

淡水路是一条写满老上海记忆的马路，北起延安东路，南至建国东路，全长 1683 米。曾几何时，很多政治和文化名人在此居住或在周边活动。如今方圆几里南北高架通衢、新天地喧闹，而淡水路依旧不温不火，路边高耸的梧桐树和错落的老建筑，集聚着历史的沉淀。

从中共一大会址出发，沿着兴业路往西，到淡水路往南，总共步行 800 米不到，在淡水路靠近合肥路口，有一栋临街的三层西式花园洋房。此幢建筑位于淡水路 332 弄 1 号，楼前院子的花园里，一尊农工党创始人邓演达的半身铜像安置在中央——这里就是中国农工民主党第一次全国干部会议（简称“一干会议”）的会址。中国近代史认为中国农工民主党的建立是中国民主党派成立的主要标志，因此这幢小楼又承载着特别的意义。

让我们回望 1930 年 8 月 9 日的那个夜晚，7 点，上海法租界萨坡赛路 290 号（今淡水路 332 弄 1 号），正在举行一场晚宴，晚宴上，民主志士、农工党创始人邓演达，主持召开了 10 个省区代表参加的第一次全国干部会议，黄琪翔、章伯钧、郑太朴、朱蕴山、李世璋、季方、郭冠杰、丘哲、陈启修等 30 余人出席会议。会上一致通过邓演达起草的政治纲领——《我们的政治主张》等一系列重要文件，正式成立“中国国民党临时行动委员会”（中国农工民主党前身，1947 年 2 月第四次全国干部大会改名为“中国农工民主党”）。“一干会议”通过的党纲《我们的政治主张》，内容贯彻了邓演达“平民革命”思想，其核心内容就是“解放中国民族、建立平民政权、实现社会主义”。

邓演达何许人也？他是中国民主革命时期的一位杰出的军事家和政治家，他早年追随孙中山先生，义无反顾地走上了民主革命之路，因其对革命的忠诚和出色的才干，深得孙中山先生的赏识和器重。他曾先后担任黄埔军校训练部副主任、教育长，国民革命军总司令部政治部主任，湖北省政府主席，国民党中央农民部部长等

▲ 当年邓演达被捕时所在地愚园路愚园坊 20 号

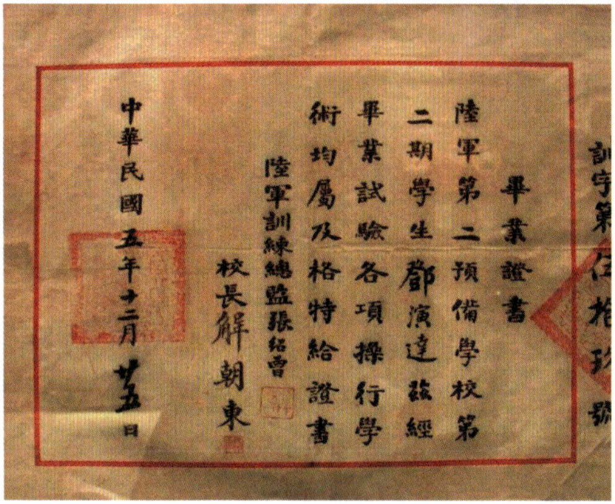
畢業證書
陸軍第二預備學校第二期學生鄧演達兹經畢業試驗各項操行學術均屬及格特給證書
陸軍訓練總監張紹曾
校長解朝東
中華民國五年十二月廿五日

▲ 1916 年武汉陆军第二预备学校的毕业证书，学生是邓演达，陆军训练总监是张绍曾，校长是解朝东

▲ 1930 年，上海国民党临时行动委员会（中间携帽者为邓演达）

职。由于他较早与蒋介石合作共事，因此也较早地识破了蒋介石的野心与阴谋。当蒋介石公开叛变革命后，邓演达于 1930 年正式成立“中国国民党临时行动委员会”，积极进行反蒋斗争。

邓演达试图在蒋介石国民党与共产党所代表的两种势力的夹缝中，建立第三种势力，寻找第三条道路。因此，当邓演达组织和领导由国民党军队中分裂的军人参加的反对蒋介石反动统治的斗争刚刚兴起，就被蒋介石扼杀在摇篮之中。由于邓演达利用一切宣传方式揭露蒋介石，又组织一切反蒋力量动摇了蒋介石的统治基础，因此，蒋介石对邓恨得要死，怕得要命，曾悬赏 30 万元捉拿他。

1931 年 8 月 17 日，中国国民党临时行动委员会在上海愚园坊 20 号举行受训干部结业典礼，邓演达出席了这次大会。

这本是一次极为机密的活动，但人们哪里知道，此时的邓演达已被一个叫陈敬斋的叛徒出卖。当天下午，淞沪警备司令部侦察队特务和静安寺巡捕房的中西警探一拥而至，将愚园坊20号会址严密包围，当即逮捕了邓演达等二十余人。8月21日，邓演达被单独押解到南京，蒋介石曾千方百计利诱邓演达，但都无可奈何。

对于是否杀邓演达，蒋介石也颇矛盾。他承认邓演达是不可多得的人才，上海一家小报曾用两句话相当确切地形容蒋介石的思想活动："杀之可惜，纵之可畏。"蒋介石最初是想劝降，并许以高官任其选择，但被邓演达严词拒绝。最使蒋介石震惊的，是黄埔军校历届毕业生联名要求蒋介石释放他们的邓教育长。蒋介石靠黄埔军校起家，军校的学生这样倾向邓演达，自己的江山还能坐得稳吗？正当蒋介石彷徨无计时，广东地方军阀和南京政府开了一个分赃会议，蒋介石被迫下野。戴季陶此时进言："今天最可怕的敌人不是汪精卫、陈济棠，真正能动摇政府根基、分散黄埔力量的，只有邓演达此人。"这促使了蒋介石决心杀邓。1931年11月29日，蒋介石在下野离开南京之前的一个晚上，派他的卫队长带领卫士，将邓演达秘密杀害于南京麒麟门外沙子岗，此时邓演达年

▲ 1926年7月22日。北伐军总政治部主任邓演达（中）与郭沫若（右）等在曲江河畔

仅 36 岁。

“一干会议”旧址寻访的经过也是充满了传奇。考证现今的淡水路 332 弄 1 号就是当年召开“一干会议”的场所，各方人士足足花了近 20 年的时间，其间几近无果，却又峰回路转。

当时主要的线索之一，是与会者罗任一曾在回忆录中记载：“开会地址是借用当时流行音乐奠基人黎锦晖（1891—1967）的住宅（法租界萨坡赛路 290 号），伪装宴客从午后七时开到十时。”线索之二，是在黎锦晖的太太梁惠芳的帮助下，通过当时黎锦晖的回忆文章和一本当时影星王人美（1915—1987）的回忆录《我的成名与不幸》，发现了这栋房子的一些特点。如王人美在回忆录中写道：“记得我进美美女校不久，我们全体就从南市区又破又旧的校舍搬到法租界黎先生的住处，我觉得好像搬进了仙境。从铁栅栏门进去，有草坪、花坛、树木，穿过花园，到了客厅，客厅又高大又敞亮，正好做排练厅。二楼、三楼有许多明亮、舒适的房间……这也是我生平第一次见到上海的西式洋房，都把我看傻了。”

由于 20 世纪 40 年代初的租界经过日本侵占和国民党统治，新中国成立后路名、门牌号又多次变更，寻找当时的开会地点非常困难。最后，农工党上海市委研究室的李庆海在一本民国 1940 年出版的上海第二特区（法租界）的行号录中，找

▼ 邓演达烈士铜像

▲ 邓演达烈士殉难 30 周年纪念大会

▲ 2015 年 9 月 15 日，中国农工民主党第十五届十五次中央主席会议在上海“农工党一干会址”召开

到了萨坡赛路，其 290 号清晰地标在上面，不仅有门牌号，而且有房子的位置和平面图，周围环境也标得一清二楚。历经辗转，经过反复考证，2004 年，农工党中央终于认定了第一次全国干部会议会址（萨坡赛路 290 号）已经找到，就是淡水路 332 弄 1 号（当时为上海市卢湾区工商联办公地，黄浦、卢湾两区合并后，为黄浦区工商联办公地），300 多平方米，建造于 20 世纪 20 年代。2009 年，中共中央办公厅同意农工党“一干会址”挂牌并设立纪念设施。

2014 年，在中共上海市委和黄浦区委的关心支持下，经时任中共上海市委常委、市委统战部部长沙海林牵头，黄浦区工商联移地办公，农工党中央取得“一干会址”使用权。同年，该会址被上海市文物局认定为上海市级文物保护单位。

曾经在环龙路 44 号的
中国国民党上海执行部

汪新民

环龙路 44 号（今南昌路 180 号）是中国国民党上海执行部旧址。1959 年 5 月 26 日，由上海市人民委员会公布列为市级文物保护单位；1977 年 12 月 7 日，重新公布为上海市文物保护单位。

1911 年初，法国飞行员环龙（Vallon）带着两架飞机到上海表演飞行，那是中国人首次看到能在天空飞出花样的表演。不幸的是当年 5 月 6 日飞机在跑马厅（现人民广场）上空发生故障，为避免伤及观众，飞行员驾机撞向了空地，机坠人亡。这是发生在中国境内的首次空难。为纪念牺牲者，环龙路（今南昌路）因此得名。这是一条历史底蕴丰厚的道路。

▲ 环龙路 44 号（今南昌路 180 号），1959 年 5 月 26 日由上海市人民委员会公布列为市级文物保护单位

1913 年 7 月，孙中山领导并发动武力讨袁（世凯）的“二次革命”失败后，再次流亡日本。在日本，他决心改组国民党为“中华革命党”，组织和策划“三次革命”。1914 年 6 月 22 日，在东京召开的中华革命党第一次大会上，孙中山被选为总理。同年 7 月 8 日，中华革命党在东京正式宣告成立。1916 年 5 月，孙中山在反帝反袁

南昌路 180 号外景

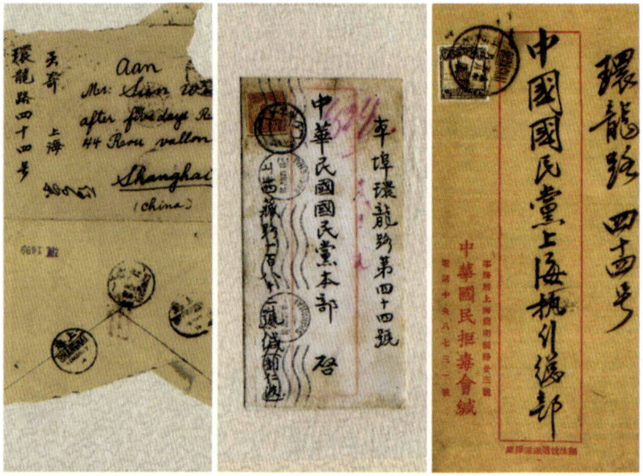

▲ 寄至环龙路 44 号的信函（图中均为信封，信函原件现藏台湾中国国民党党史馆）。左：1917 年 2 月 25 日，淮滨寄给孙中山的信函，时为中华革命党本部；中：1923 年 6 月 16 日，刘仁波等寄给中国国民党本部的信函，时为中国国民党本部；右：1925 年 9 月 1 日，拒毒会寄给中国国民党上海执行部的信函，时为中国国民党上海执行部

斗争中从日本回到上海，租下了环龙路 63 号（现南昌路 59 号），是他与宋庆龄婚后在上海的第一个寓所（后此处因建科学会堂“思南楼”被拆），同时在寓所对面环龙路 44 号设立了中华革命党本部事务所，胡汉民、朱执信、廖仲恺、古应芬等革命党人均寄居于此，处理该党的日常事务。1919 年 10 月 10 日，孙中山把中华革命党改组为中国国民党（为区别原国民党，特加“中国”的前缀），废除旧党章，采用新规约，以“巩固共和，实行三民主义”为党的政治纲领。改组后的中国国民党本部设在环龙路 44 号，因此，中国国民党的党名在此诞生，这幢建筑就成了中国近代史的见证者，具有永久保护的文物价值。

1924 年 1 月，在共产国际和中国共产党的帮助下，中国国民党在广州召开了第一次全国代表大会，标志着第一次国共合作的正式建立。由孙中山主持召开的国民党一届一中全会，决定在上海、北京、汉口等地建立中央派出机构——执行部，领导各省市的党务工作。上海执行部管辖江苏、安徽、浙江、江西四省和上海的党务工作，办公地点就设在环龙路 44 号。

当时许多共产党员如毛泽东、恽代英、向警予、罗章龙、邓中夏、王荷波、李立三、沈泽民、施存统等，被党组织派到中国国民党上海执行部，先后成立了妇女运动委员会、青年委员会、宣传委员会、教育运动委员会、工人运动委员会等，并开展了一系列的宣传工作和组织工作。上海执行部以其机关报《民国日报》为主要阵地开展宣传，为纪念国民党改组，《民国日报》还于 1924 年 4 月出版特刊。另外，《民国日报》还出版各种副刊和周刊，受到当时各阶层的欢迎，如陈望道主编的《妇女评论》、向警予主编的《妇女周报》、沈泽民编辑的《评论之评论》等。总之，这一时期国民党上海执行部利用各种宣传工具宣传孙中山的新三民主义，推动上海的爱国运动、青年运动、妇女运动蓬勃发展。

环龙路 44 号，原是国民党上海总部的所在地，1924 年 2 月国民党上海执行部成立后在此办公，由于工作人员增多，又租下右侧隔壁 46 号作为办公场地。当时 44 号楼下是总务部，楼上是组织部，46 号楼上是宣传部，44 号、46 号楼上后两间是妇女部，毛泽东曾在 44 号楼上办公，担任组织部秘书，负责党员登记、组织发展、基层健全，并担任长江流域及其以北片区黄埔军校新生招考工作，徐向前（共和国十大元帅之一）、蒋先云（“黄埔三杰”、中共早期先烈）、方志敏（中共先烈，后因故未入校）、桂永清（国民党海军总司令）、黄维（国民党兵团司令，后成战俘）等，都在沪参加复试。

国民党上海执行部成立后，开展了一系列的工作，成绩是有目共睹的，但由于国民党内部存在着尖锐复杂的斗争，国民党右派向共产党和国民党左派的挑衅也从未中断过，因此，1926 年 1 月，在国民党第二次全国代表大会上，正式撤销各地执行部。

当时环龙路 44 号和 46 号是沿马路靠弄堂坐北朝南的两层砖木结构楼带花园的西式房子，房子外面有矮围墙，上有铁栅栏；二间房子里面可以连通，但各有大门可以进出。如今房子的外观已有改变，小花园不复存在，门口围墙已增高，楼上一直是居民住房，楼下先后办过教堂、民办学校、街道加工厂、业余大学实验室等，房子内部结构变化很大。但这幢经历过国共合作风风雨雨的陈旧建筑，一直完好无损地矗立在南昌路旁，期待亲眼看见中国统一，国家复兴的那一天。

“老锦江”是上海人对锦江饭店的昵称，这新中国第一个国宾馆，见证了众多历史大事件的诞生

中美关系从这里起步

——茂名南路 59 号锦江小礼堂

汪新民

1972 年 2 月 28 日，美国第 37 任总统尼克松访华，在淮海中路、茂名南路往北的锦江饭店小礼堂签署了《中美联合公报》（又称《上海公报》），实现了中美关系从敌对走向正常化。

作为中美关系指导性文件的第一个《中美联合公报》在上海锦江小礼堂签署，锦江小礼堂具有了划时代的意义。这样一个在世界上发生过有举足轻重历史事件的胜地，有多少上海人知道？特别是中美关系正常化近 50 年的今天，中美两国走过和谐龃龉的岁月，尼克松在卸任美国总统后再访上海特意到锦江小礼堂，邀请当年接待过他的服务人员一起合影留念，并动

▲ 锦江小礼堂外景

▲ 锦江小礼堂多功能厅

情地说：“我想告诉在场的每一个人，中美关系就是从这里起步的！”

走进茂名南路 59 号大门，右前方掩映在一片绿树丛中的锦江小礼堂，是一幢总建筑面积为 10,960 平方米，地上一层，局部两层，地下两层，地上有大堂、多功能厅、贵宾厅，地下有游泳池、健身中心、车库等的建筑。锦江小礼堂解放前曾经是洋人安诺德兄弟住过的小洋楼，安诺德兄弟的安利洋行过去在上海独领风骚，兄弟俩还相继被法租界当局选为工部局董事，买下茂名路、长乐路转角这块地皮后，他们就盖起了小洋楼。后来由于经营不善，他们把这块地皮抵押给了新沙逊洋行还债，此后再也无力赎回。1928 年，新沙逊洋行组建了华懋地产公司，在此地皮上盖起了华懋公寓（后来的锦江饭店北楼），英国哥特式建筑（俗称“十三层楼”），经历了近百年风雨，锦江饭店北楼依旧散发着经典华美的气质。1931 年，新沙逊洋行因“十三层楼”牟利不小，又斥巨资在南面空地上建起一栋十八层的公寓楼（曾名高纳公寓、格林文纳公寓、峻岭公寓、茂名公寓）。新中国成立初期，土地收归国有，沙逊逃离上海，整幢“十三层楼”被他用来抵了地价税。到了 1951 年，董竹君女士创建了锦江饭店，成为上海地区承担接待国宾的特色酒店。那时，小礼堂所在位置还只有一座小洋楼。

1959 年初，中央决定在上海召开党

的八届七中全会，讨论制订国民经济计划草案和对农村人民公社的整顿工作。那年春节刚过，时任中共中央总书记的邓小平同志和中办主任的杨尚昆同志在陈毅同志陪同下来到锦江饭店考察八届七中全会会场和住宿地，决定在北楼和贵宾楼之间拆掉小洋楼，盖一座能容纳 300 人开会的小礼堂。

当时，中央对小礼堂的建造提出明确的八字方针，即“庄严、朴素、适用、保密”，由邓小平、杨尚昆同志亲自审核设计方案，报周恩来总理审定，由上海市政府组织能工巧匠施工。20 多天后，一座砖木结构、中式坡顶风格，建筑面积达 1500 平方米，标高 11 米的二层建筑在锦江饭店北楼南侧诞生。小礼堂的建造创造了当时的建筑奇迹，周恩来总理、邓小平总书记到上海验收时，特别表扬了上海建筑工人和锦江饭店员工办事神速干练。1959 年 3—4 月，中共八届七中全会在上海召开，锦江小礼堂就是大会的主会场。此后，1960 年 6 月，中共中央政治局扩大会议也在锦江小礼堂举行。可以说，锦江小礼堂见证了新中国奋斗历程中的许多重大政治事件。

12 年后，历史又一次眷顾锦江小礼堂，1972 年 2 月 28 日，锦江小礼堂灯火通明，全世界的目光聚焦于此，周恩来总理和尼克松总统签署并发表了著名的《中美联合公报》，提出了“在台湾海峡两边的所有中国人都认为只有一个中国，台湾是中国的一部分”的国际准则，确立了一

▲ 1998 年改建前的锦江小礼堂

个中国的国际共识，为中美关系正常化奠定了基石，也为以后中美建交，发展友好平等关系打下了基础，锦江小礼堂见证了尼克松说的“一个时代结束了，另一个时代开始了”。

随着我国改革开放的力度加大，步伐加快，原本单一会议功能的小礼堂已较难满足市场的需求，另一方面由于砖木结构，消防安全隐患也日益突出，锦江小礼堂在各级组织的关心下，于 1998 年 10 月、2006 年 9 月，先后完成了两次改建，成为今天总建筑面积为 10,960 平方米的现代化多功能的综合楼。党和国家领导人江泽民同志就多次在锦江小礼堂举办国事活动，2001 年 6 月，江泽民主席在此会见了前来签署“上海合作组织”协议的俄、哈、吉、塔、乌五国元首。2001 年 10 月，江泽民主席又在锦江小礼堂会见了参加第九届 APEC 领导人非正式会议的 13 国国家元首及政府首脑，并分别举行了双边会谈。2003 年 2 月，江泽民主席在锦江小礼堂会见并宴请古巴的国务委员会主席卡斯特罗。

锦江小礼堂见证的重大历史时刻还有许多，但“中美关系从这里起步”，就凭这句话，锦江小礼堂的历史功绩就彪炳史册。自我国改革开放后，经历了中美建交和经贸往来、文化交流、国际合作、科技融合，我国的经济总量发展到世界第二的位置，世界老大的美国有点坐不住了。正如我国外交部发言人说的，我国从不恐吓任何国家，任何国家的恐吓我们也不怕。这样一座貌不惊人的锦江小礼堂曾记录了中美关系正常化的历史瞬间，中美友好相处一定会有利于世界人民，有利于人类命运共同体，想追寻中美关系正常化的起点，去看看茂名南路 59 号锦江饭店大院内的锦江小礼堂吧……

人物故事

有人说，山不在高，有仙则名；水不在深，有龙则灵，淮海路街区的百年，不经意间已然走过诸多党政要人、文化名人、商界精英乃至市井小民，在历史皇皇巨著中，他们的故事镌刻在幢幢建筑里，氤氲在渺渺时光中……

苏兆征烈士灵柩与瑞金宾馆

苏秉公

▲ 瑞金宾馆（马立斯花园）1 号楼

在党史学习教育活动中，我对苏兆征烈士的灵柩在瑞金宾馆安置20年这件事特别关注，一方面缘于苏兆征和我家祖上是同村同宗同族，是沾亲带故的乡里，一种情感萦绕心间挥之不去；另一方面，我对瑞金宾馆能在解放后20年里将烈士灵柩保存得如此完好，心生好奇且由衷敬佩。

▲ 苏兆征烈士遗像

我的祖籍是广东省珠海市唐家湾镇淇澳村。祖父母在20世纪初移居上海，由于祖父早逝，生活全靠祖母和姑妈在工厂打工维持，十分艰难。我祖母和姑妈在世时常说起苏兆征也是我们珠海淇澳村人，他在上海时常到我家来，那时我人小对苏兆征的印象不深，也就听听而已。1995年上海龙华烈士陵园建成开放，我岳父骨灰存放在陵园内，每年清明我们都会去祭奠。陵园里有一片烈士墓地，绿色草坪中安放着一排排深红色的墓碑，上面镌刻着牺牲烈士的姓名和遗像，背后是一排高大的翠柏，庄严肃穆。每次来我们总会在墓地走走，瞻仰墓碑上那些熟悉和不熟悉的烈士英名。有一次我突然发现一块墓碑上刻着“苏兆征烈士”五个字，我肃然起敬，献上鲜花。事后觉得很不解：苏兆征是中国共产党的早期领导者，是广东人，为什么他的墓地会在上海这个陵园里呢？之后几次出差和旅游来到珠海，我都要抽时间去淇澳岛看看。苏兆征故居就在淇澳村的白石街，这里还建有一个“苏兆征纪念馆”。虽然纪念馆规模不是很大，但是布局紧凑，资料翔实，内容丰富。在这里我详细了解了苏兆征44岁精彩的人生。

1885年出生在淇澳岛的苏兆征，因生活所迫去香港做了20多年海员，其间结识了中国革命的先驱者孙中山，并由他亲自介绍加入中国同盟会，后来成为港澳工人运动的重要领导人，由于平时热心帮助底层工人群众排忧解难，声望日高。1924年，苏兆征随孙中山去北京活动，与李大钊先生一见如故、相见恨晚，第二年经李大钊介绍加入了中国共产党，开始了新的革命生涯。入党后的苏兆征是我党工人运动最早期的领导人之一，并与邓中夏等人策划组织了震惊中外的省港工人大罢工。他还参与发起、组织著名的广州起义，建立了中国第一个苏维埃政权，并当选为广州苏维埃政府主席。1928年，在党的六届一中全会上他和向忠发、项英、周恩来、蔡和森一起当选为中国共产党中央政治局常务委员。八七会议以后苏兆征随党中央机关从武汉秘密迁回上海，家住福煦路（今延安中路）马吉里内。1929年2月25日因积劳成疾病逝于上海住所。在淇澳村我两次见到了苏兆征堂弟苏兆良烈士的女儿苏佩珍老人。她告诉我，她年轻时也在上海，经常由我祖母钟金妹带她上街，日本人发动八一三事变后她逃难回到淇澳村。至此，我明白了苏兆征先辈与上海的关联，也似乎感受到他对像我祖母那样在上海打工的乡里的关怀之情。

苏兆征离世当日，周恩来、邓小平、李立三、邓颖超等同志代表党中央前往看望时，他已处于弥留状态。他用十分微弱的声音断断续续说的“大家同心合力起来，一致合作达到我们最后成功”的话，被邓颖超迅速记录下来转交党中央，遗体则被化名埋葬了。1949年，中国人民解放军进入上海，中央华东局邓小平、陈毅等领导住进今瑞金宾馆1号楼。瑞金宾馆原先叫马立斯花园，马立斯是英籍冒险家，19世纪中期来到上海通过跑马赌博发了横财。他的儿子小马立斯出生在上海，继承父业后成为上海有名的地产商和金融家，“马立斯花园”是他为自己建造的一个大花园。抗战时期花园被日军占据，日本投降后成为国民党中统机关励志社的社部。邓小平随军进城后，十分怀念1929年在上海因难产去世的战友、妻子张锡瑗，当年因军情紧急，后事是由中央特科李强以及邓颖超等同志处置的。见邓小平回到上海，李强经过一番周折，在江湾公墓找到了20年前安葬的张锡瑗墓，同时发现了与其相邻安息的苏兆征墓。两具烈士遗骨被收殓装入特制棺木，妥善安置在瑞金宾馆内。

1960年春，上海市委宣传部组织一批青年学者在瑞金宾馆（当时是市委招待所）研读即将出版的《毛泽东选集第四卷》。学员邓伟志（现为著名社会学家、上海大学终身教授）在打乒乓球时无意间推开一扇房门，见到过分别贴有苏兆征和张锡瑗名字的两口棺木。“文革”中社会上流传瑞金宾馆有两口棺木里或藏有枪支，邓伟志非常担心棺木被造反派破坏，经打听得知棺木已经被保护起来了，才算一块石头落地。

1965年，上海在漕溪路200号龙华公墓开始筹建烈士陵园，以安葬上海各处的烈士遗骸，1969年10月正式定名为“上海市烈士陵园”，苏兆征烈士和张锡瑗烈士的灵柩也从瑞金宾馆移入烈士陵园。1993年10月，经民政部批准上海市烈士陵园迁入龙华烈士陵园，一并建成上海市龙华烈士陵园，并确定为全国重点烈士纪念建筑物保护单位。于是便有了今天我们见到的绿草坪中苏兆征等烈士的墓碑，每年清明节和烈士节都有市民前来悼念和举行各种纪念活动。

▲ 2000年作者全家在苏兆征故居

在此，我深深感谢瑞金宾馆对烈士遗骨20年的妥善安置和精心呵护！我们党早期优秀的领导者，我的同族先祖苏兆征烈士永远活在大家心中！

精诚笃爱 共进大同

——记香山路7号和伟人宋庆龄

王孝敏

香山路7号孙中山故居

岁月以恒定的节奏四季更替。上海自开埠以来的100多年间，保留了64条未被拓宽的老马路，它们是传承，是念想，而香山路便是其中之一。香山路7号（原莫利爱路29号）的这栋欧式洋房，建于20世纪初，曾被宋庆龄先生比作“重要的里程碑”，长久地让后辈睹物思人。

1893年1月出生于上海的宋庆龄，从小就从父亲那里得知孙中山的革命事迹和高尚品德，深怀仰慕之情。1913年5月，从美国威斯里安女子学院毕业的她，怀着对革命的热情来到孙中山身边，担任他的英文秘书，协助他开展各项革命工作，并逐步成为孙中山革命事业上离不开的助手。1915年10月，他们在日本结婚，从此相濡以沫，共同走过了风雨十年的里程。

1918年5月，由于西南军阀极力排挤孙中山和护法军政府，孙中山愤然辞去中华民国军政府海陆军大元帅之职。6月，孙中山偕宋庆龄入住莫利爱路29号。在这幢寓所里，宋庆龄除在生活上精心照料孙中山外，更是为孙中山抄稿译文，搜集

▲ 宋庆龄和孙中山

资料，处理各种重要文件、往来信函，付诸了极大的热情和心血。10月，孙中山在写给康德黎夫人的信中说：“我现在过着一种前所未有的新生活，一种真正的家

庭生活，拥有一位伴侣兼助手。”

五四运动爆发，宋庆龄立即代孙中山起草“学生无罪”的电报援救学生。在此后的两个多月里，还多次陪同孙中山在这栋寓所接见学生代表，声援和支持学生的爱国行动。

1925 年 3 月 12 日，孙中山因长年奔波积劳成疾，罹患肝病溘然长逝。宋庆龄强忍悲痛料理完孙中山的丧事回到上海，继续居住在这栋寓所。为继承和捍卫孙中山的遗志，完成他未竟的事业，宋庆龄初心依旧，砥砺前行。

五卅运动爆发，宋庆龄向上海《民国日报》记者发表讲话，高度评价五卅运动的伟大意义和爱国精神，极大鼓舞了全国人民，也激励了革命的中国国民党员的斗志。宋庆龄还在杨杏佛为五卅创办的《民族日报》上发表《孙中山先生与“五卅”后之民主独立运动》的文章，积极宣传孙中山的反帝思想，号召民众以孙中山之主张和精神争取民族独立。同时，她也十分关注妇女这股特殊的革命力量，大力支持上海各界妇女联合会的成立，经常在寓所同何香凝、向警予等人谈论形势，探讨未来。由此，宋庆龄逐渐独立地走上政治舞台。

1927 年 4 月和 7 月，蒋介石和汪精卫先后在上海和武汉发动反革命政变。为抗议蒋、汪叛变革命的行径，实现孙中山的遗愿，宋庆龄决定访问苏联。临行前，她发表了《赴莫斯科前的声明》，指出“中国共产党无疑地是中国内部革命力量中最大的动力”。

1929 年 6 月，宋庆龄回国参加在南京举行的孙中山奉安大典前，发表《关于不参与国民党任何工作的声明》，明确表示：“我郑重重申，我将恪守本人 1927 年 7 月 14 日在汉口发表的声明，即鉴于国民党中央执行委员会的反革命政策和行动，我宣布不再参加国民党的工作。”为了让宋庆龄到南京就职，归顺蒋介石阵营，戴季陶奉蒋介石之命，到寓所劝说宋庆龄赴南京，并希望她以后不要再发表宣言。宋庆龄毫不掩饰自己的观点，直接表达了她对各项事务的基本原则和坚持孙中山思想的立场。她义正词严地表示："使我不讲话的唯一办法，只有枪毙我，或者监禁我。再来谈话也是没用的，我们之间的鸿沟太深了。"这次谈话，人们看到了一位真正捍卫和继承孙中山事业的坚强女性。

1931 年 8 月，宋庆龄从欧洲回国奔母丧。"九一八"事变爆发，宋庆龄决定留在上海，与中国人民一起参加到反抗帝国主义侵略的斗争中，其寓所成为救国会机关刊物《救亡情报》的公开通信地址。

1936 年 1 月，宋庆龄受宋子文委托，在寓所约见中共地下党员董健吾，安排他以财政部派赴陕西之调查员的身份，向中

▲ 20 世纪 30 年代，宋庆龄在上海莫利爱路 29 号（今香山路 7 号）寓所

共中央传递国民党愿意谈判、重建国共合作关系的消息，并多次与中共代表潘汉年商量建立抗日民族统一战线之事，架起了国共第二次合作的桥梁。

1936年7月，是时宋庆龄担任国际反法西斯委员会副主席，由于受国民党反动派严密监视，无法出国，经与中共组织协商，决定派遣中共党员钱俊瑞同志以宋庆龄的名义，参加在巴黎召开的反法西斯委员会会议和同年9月2日在布鲁塞尔召开的第一次国际反法西斯会议，请钱俊瑞代表宋庆龄在反战大会上呼吁全世界人民团结起来，反对法西斯主义。

1937年7月7日，抗日战争全面爆发。中华大地上掀起了全民族抗战的高潮。宋庆龄在寓所会见同蒋介石谈国共合作事宜后途经上海的周恩来等人，听取周恩来介绍中共中央关于建立抗日民族统一战线的方针和政策，表示坚决拥护和支持中国共产党的主张。9月，宋庆龄在寓所撰写了题为《国共统一运动感言》，对于国共两党合作为基础的抗日民族统一战线，表达了“感动得几乎要下泪”的激动心情。

八一三淞沪抗战失败，上海沦陷。宋庆龄仍居住在寓所坚持工作。毛泽东和周恩来从延安两次发来电报，催她撤离上海赴香港。直到这时，宋庆龄才对秘书李云说：“工作上一些事已经处理得差不多了，可以离开上海了。”她才整理了孙中山的全部遗物及父母留给她的纪念物，告别了她与孙中山在上海共同居住时间最长的寓所，也告别了见证她与孙中山风雨岁月的莫利爱路29号。

1945年11月，宋庆龄由重庆回到阔别8年的上海，决定把莫利爱路29号“专供公众研究三民主义之用”。新中国成立后的1961年，上海孙中山故居被列为全国重点文物保护单位。宋庆龄亲自到故居进行布置和陈设，使其成为后世人们瞻仰、参观的永久纪念地。

如今，放眼望去，香山路已是一条清雅静默的绿荫小路，甘愿在上海现代化国际大都市中，为我们守护这处中国革命进程中的一处重要历史地标。

从牢房里走出的大诗人艾青

徐家俊

▲ 从狱中走出的艾青插图

著名诗人艾青，原名蒋海澄，1910年出生于浙江金华，从小喜爱美术，立志当一名画家。18岁那年，他考入杭州国立西湖艺术学院绘画系。次年（1929年）留学法国专攻美术。1932年，他带着法兰西的艺术灵感，从海港马赛乘船返回祖国。在上海加入了“中国左翼美术家联盟”，开展革命宣传活动。不久，艾青与力扬、江丰等人创建“春地美术研究所”，6月12日，研究所正在上世界语课，法租界巡捕房的密探团团包围了该房子，并进行野蛮搜查，将艾青、江丰、力扬、

▲ 青年时期的艾青

于海等13名美术青年一同逮捕。8月16日，艾青被江苏高等法院第三分院（简称“高三分院”）以“宣传与三民主义不相容主义”的罪名，判处6年有期徒刑。关押在思南路的上海第二特区监狱（详见本书《曾经的马斯南路监狱》），狱内番号P65504。

狱内生活条件恶劣，蚊虫逞凶，浊气熏天，死人的事也常有发生。入狱不久，年仅22岁瘦弱的艾青，不幸得了肺结核，发烧吐血，狱医扔下几粒药片一走了事。由于病情加重，狱方才将他转移到条件稍好的“病监”。该情况被留学法国归来的浙江慈溪人李又然获知，立即写来长达13页纸的信件给予安慰，并多次前来探监，为其买药、送药、送物，艾青的身体得以逐渐康复。艾青对此劫难记忆深刻，直到晚年，他还对人说起在狱中生肺病，多亏李又然的帮助才死里逃生。

20世纪30年代，监狱在押者经过合法斗争争取到：难友们每天可以看书、写作、学外语。为了在狱中获得更多的精神食粮，艾青和江丰等人联名写信给鲁迅先生，请他捐助一些书籍。鲁迅在1932年12月31日的日记中也记载了这一情况：“下午得介福、伽菁来信”（介福即江丰，原名周介福；伽菁即艾青）。艾青在监狱中失去了绘画的基本条件，但他并不虚度光阴，他勤于思索，从原先的美术专业转向诗歌创作，在监狱中一个个不眠之夜，艾青凭借着铁栅外微弱的灯光在思索在畅想，在本子上写诗。正如艾青所说：“决定我从绘画到诗歌的关键，是监狱生活。我借诗思索、回忆、控诉、抗议……”艾青在狱中边读书边写作。有一次，他看到一本法文版的凡尔哈仑的诗集，就用手头一部《法汉字典》试着翻译起来，断断续续地译出了《原野》《城市》《群众》等九首诗，取名为《原野与城市》，该译稿后由狱中难友带出，交给艾青的大妹妹蒋希华，后来在叶以群的努力下公开出版。

1933 年 1 月 4 日清晨，天空纷纷扬扬飘起了白雪，艾青隔着监狱的铁栅，凭栏凝视窗外一方珍贵的天空和皑皑白雪，他触景生情，思绪翻腾，想到了自己的家乡，自己苦涩的童年。他出身于地主家庭，按理生活条件比较好，但艾青是个难产儿，父亲请来算命先生，算命的胡说艾青克父母，解脱的办法是把小孩给非亲非故的人家抱养。因此，他一生下来就被送到一个贫苦农妇“大叶荷”家哺养。“大叶荷”原是金华乡的一个村庄名，农妇没有名字，人们便以村庄的名字称呼她。“大叶荷”命运不济，生了两个孩子以后丈夫就死了，后来又改嫁。一次，她刚生下孩子，孩子就夭折了，她就用乳汁哺育了艾青，抚养了艾青，直到艾青 5 岁时才被自己父母领

▲ 艾青旧居：淡水路 214 弄 4 号

▲ 代表作《大堰河——我的保姆》

回家。不久，“大叶荷”在一个大雪天孤独地病逝。

艾青在家里仍然被歧视，家中怕他克父母，不许他叫父亲和母亲，只许他叫叔叔和婶婶，艾青幼小的心灵受到严重的创伤。艾青后来回忆：“我是在一种冷漠的环境中生活的，只有在‘大叶荷’家里，我才感到温暖，得到宠爱，‘大叶荷’很爱我，我也很爱她。”

监狱里的艾青，看到白雪，情不自禁地想起抚育自己多年的既是保姆，又如母亲的“大叶荷”。她有着一颗白雪般的心灵，

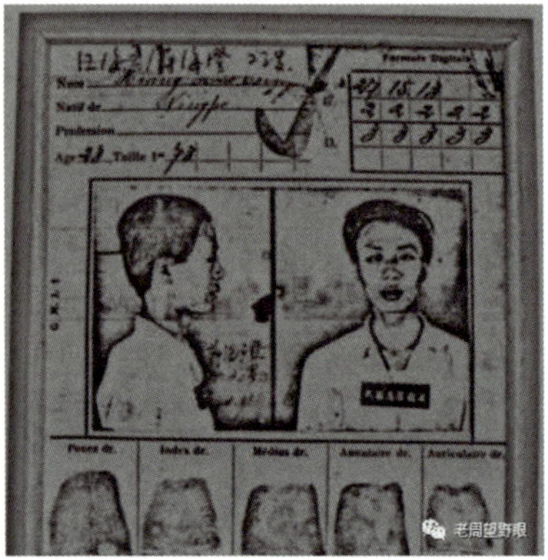

▲ 诗人艾青（原名蒋海澄）的入狱登记表

可惜她已经离开了人世。此时此刻，艾青热血沸腾，靠着窗外反射进的亮光，在牢房里写出了一首抒情长诗，《大叶荷——我的保姆》（后来，有的版本写成《大堰河——我的保姆》或《大堰河——我的母亲》）。鉴于监狱里已经知道了他“莪伽”的笔名，所以，在这首诗署名时，他第一次正式写上了“艾青”的名字；后来这首诗由律师带出监狱在刊物上发表，成为艾青的成名作。艾青在上海第二特区监狱三年多时间内（1934 年 10 月转押到苏州反省院），先后写下了《大堰河——我的保姆》《铁窗里》《聆听》等 20 多首诗作。这些诗，是艾青献身于中国新诗几十年征途中结下的第一批硕果。诗中控诉了旧监狱非人的生活，讴歌了服刑人对自由的渴望，对美好生活的追求。在那特殊的岁月里，在那特殊的环境下，上海第二特区监狱改变了艾青的人生道路，现代中国少了一位画家，多了一位蜚声中外的诗人。

监狱里走出一位载入中国现代文学史的大诗人——艾青！

南昌大楼和露露阿姐

苏秉公

因工作关系从2003年起的十多年里，我常到设在南昌大楼的卢湾区侨联和慈善基金会去。走进茂名南路151号的大门，正对着的是一部电梯，据说以前这部电梯是有电梯工操作并有双层铁栅栏门的，电梯井是网状的，梯内可以看到外面。不过，我很喜欢沿着环绕电梯井的楼梯拾级而上，去感受每一级地上保留至今的马赛克地面带来的历史回想。

这是一幢建于1933年的钢筋混凝土结构公寓大楼，是上海市优秀历史建筑。由永安地产公司投资，建筑设计师列文是俄罗斯裔。大楼立面简洁美观，路口正门中央尖塔上以及门楣、檐部饰有极富特征的浮雕图案，具有典型的装饰艺术派风格特征。大多数户型为套间式，平面布置较为紧凑。大楼背后还有一栋四层的保姆楼，每家的厨房都有电铃和住在保姆楼的用人联系，随叫随到。当年居住在这里的大多

南昌大楼外

▲ 露露阿姐在烹调油爆虾

是 1917 年俄国革命以后流亡到上海的俄侨商人、医生和高级职员。解放后，大楼里居民结构有了较大改变，一些国内艺术界、医学界的知名人士先后搬入。而著名工商界爱国人士唐君远老先生却一直是南昌大楼里的名人。唐老先生是香港著名商界人士唐翔千的父亲和前任香港特别行政区政务司司长唐英年的祖父。解放前他在无锡创业，开办了著名的申新纺织厂和协新毛纺厂。抗美援朝时，他为志愿军捐献四架米格战斗机受到各界尊敬和赞扬，曾受聘担任全国政协常委和上海市政协副主席。晚年他还热心赞助教育事业，曾在上海、无锡等地设立多项唐君远基金会、奖学金等。改革开放以后，他对在香港经商的长子唐翔千说“你要带头回来投资办企业，引进先进设备，为国家做点事情。如果蚀了本，就算是孝敬我的好了”。按照父意唐翔千先生在上海办起第一家沪港合资企业上海联合毛纺织有限公司，成为“沪港合资第一人”。在唐君远、唐翔千带动下，唐氏家族爱国爱港，为上海的经济社会发展做出许多贡献。

我在一段时间内与唐氏家族成员有过不少交往，这主要得益于区侨联主席、区慈善基金会常务副会长郄露露女士的引见。她曾被选为第九、第十届全国人大代表，担任过上海市卢湾区政协副主席，还被评为“全国首届中华慈善人物”，荣获 2009 年“全国三八红旗手”称号。她以自己热心、真诚和豁达的人格魅力穿针引线，帮助很多港澳同胞和海外华侨华人在这里找到投资项目，投入上海的发展建设中来；同时，她也帮海内外捐赠者圆梦，给受助者解困，她负责的慈善工作一直走在全市的前列。熟悉她的人和受过她帮助的人都亲切地称她“露露阿姐”。我与这位南昌大楼里的露露阿姐工作接触多了，便成了很好的朋友。不少人问我：露露阿姐做的每一项工作为什么总会风生水起？我常会对他们讲：邬露露父母在国外，她本人从小跟外婆长大，就是一名侨眷，最能理解海外侨胞和港澳同胞思念家乡的心情和报效祖国的愿望。一次我们组团去香港看望、联络一些与区里关系较密切的重要港商。出发前一天，见她在办公室旁的小厨房里炒虾，说是带点油爆虾做礼品。我心里直纳闷：这些知名港商什么山珍海味没见过，还会稀罕你这些油爆虾？到了香港我吃了一惊，“露露带油爆虾来了”的消息不胫而走，好几位太太开了轿车来“取货”，一人一包，还有给人带的，都说“露露做的油爆虾就是好吃”。惊奇之余，什么也不用说了，这是一种什么样的情谊？露露阿姐是用心来做事情、用心在搭起一座沟通的桥梁呀！

▲ 南昌大楼保留原有装饰的楼梯地面

淮海路这个历史街区里何止一位唐翔千，何止一位邬露露？淮海路的发展变化离不开他们的积极投入和无私奉献！邬露露同志不是中共党员，可是2005年中共卢湾区委在开展“让人民高兴、让党放心”促进保持共产党员先进性教育活动的背景下，不同寻常地发出了区委（2005）第1号文件，题目是《关于开展向邬露露同志学习活动的通知》，这在党内外引起轰动。党的教育活动、党的文件号召向一位无党派人士学习，这真是一种务实的精神。我们党能与千千万万这样的“南昌大楼里的诤友”齐心协力、合作共事，中华民族的复兴梦和人民美好的生活一定会永永久久。

▲ 现在的老渔阳里 2 号

▲ 最近竖起的在南昌路、雁荡路口的指示牌

住在老渔阳里 2 号的赵文来

张林凤

100 多年前，曾任安徽都督的柏文蔚不会想到，自己租住的这幢环龙路老渔阳里 2 号（今南昌路 100 弄 2 号）的“柏公馆”石库门，因为给同乡好友陈独秀居住，在一个世纪后，与霞飞路新渔阳里 6 号（今淮海中路 567 弄 6 号）石库门，同被认定为中国共产党的发祥地和中共创建初期的重要活动场所；而 40 多年前，上海市民赵文来也不会料到，自己因为住进老渔阳里 2 号这幢普通的石库门而成为“名人”，

众多来到这里的瞻仰者，在缅怀纪念陈独秀和《新青年》的同时，还获知了“渔阳老赵”。

“渔阳老赵”是赵文来的网名。其实，能荣幸地住进老渔阳里2号，首功当属赵文来的妻子，她当年是上海文化局下属单位的职工，这里原本是单身职工的宿舍。1978年妻子怀孕了，此时，赵文来夫妻和他的父母挤住在自忠路一间10平方米不到的窄小陋房中，为解决他家的住房困难，妻子单位将底楼的前厢房和客堂间分配给了他家。居住这里是有前提条件的：不能擅自改动房屋结构；东面墙上悬挂的汉白玉铭牌不能移动；门外墙上的大理石铭牌同样须保管好。

关于老渔阳里2号红色遗址的确认，要追溯到1951年。为迎接中共建党30周年，党中央委托上海市委寻找中共一大会址及相关史迹。1951年10月，中共上海市委决定，将中共一大会址纪念馆确定为“一馆”，老渔阳里2号确定为“二馆”，博文女校确定为“三馆”；同时决定将这三处中共史迹联合组成上海市革命历史纪念馆，以“三馆合一”的形式，纪念中国共产党成立这一开天辟地的历史大事件。

老渔阳里建于1912年，是典型的旧式里弄，有八幢砖木结构两层楼石库门房子。1978年赵文来住进来时，渔阳里2号尚存两扇实心黑漆木门，花岗石的门框，门框两侧上方还有两块石雕，但是三角门楣已经不存在了。外墙是水泥砂浆的，当

▲ 赵文来为参观团队讲解老渔阳里2号的故事

时整条弄堂里的百叶窗，就数他居住的前厢房保存得最好。到他家被置换时，原来上下层之间的木雕花纹大多已经朽烂，墙壁也多处剥落酥松了。

有一次，几位老先生来参观，自我介绍从北京来，专门研究中共党史。他们里外仔细查看后，很有感触地说："这里为什么不修缮呢？上海的石库门是有灵魂的，这灵魂就是共产党人注入的。"在此居住几十年的赵文来，只听说陈独秀曾在这里居住过，很惊讶这里与中国共产党的成立还有这么大的关联，激动之余，他想为这幢建筑保护尽点力，便向相关方面反映了情况。

如今的老渔阳里 2 号整幢建筑已经成为纪念馆。馆内设计尽可能做到原汁原味，复原老渔阳里的建筑符号。内容呈现上则增添了不少新形式，增加可看性。如根据早期照片重新做成的三角形门楣，是传统的砖红色砖雕，在砖砌的框架里镶嵌着对

◀◀ 旧时的老渔阳里 2 号门口
◀ 修缮中的老渔阳里 2 号

称波形花纹；跨进天井，波纹形的雕花和有节律的木雕增添了视觉效果；前厢房的展厅则是玻璃配上木雕框架，很有纵深感。进入会客厅，八仙桌和雕花红木椅也如实地复原了那个年代的场景。

最令人浮想联翩的是一旁的皮靠椅和悬挂在上方的小黑板，上写繁体字“会客谈话以十五分钟为限”，可以想象当年陈独秀会见来客时，抓紧与来人谈话的情景，其繁忙紧张的工作可见一斑。

20 世纪 60 年代初，这里成为上海市文化局、仪表局及上海市卢湾区粮食局、环卫局的用房，住进了四户人家，赵文来一家也在其中。他非常珍惜来之不易的机会。家里的大橱靠着西墙摆放，铭牌下面摆沙发。他满怀感激之情：1947 年出生的他是穷人家的孩子，父母共生育了 11 个孩子，由于穷困的家境，他上面的 10 个哥哥姐姐都因饥饿和疾病夭折。父母对他说得最多的一句话就是：“幸亏解放了，你才得以活下来，我们都要感谢共产党和新中国。”

▲ 2021 年春节期间，赵文来偕全家回“祖屋”瞻仰

由于南昌路曾经的路名是环龙路，渔阳里又有新、老渔阳里之分，对于曾没有便捷的公共交通、没有手机可以智能导航的探寻者来说，寻到这里是有些难度的。有位来自扬州的退休科技人员吴先生，热衷中共党史研究，70 多岁的他，第一次

到上海寻访老渔阳里2号没找着；第二次又来到上海，终于找到了，却又无功而返，因为赵文来生病住院了，家里“铁将军”把门。赵文来听说此事后很歉疚，从此在门上贴张有自己手机号的条子，以方便来参观的人联系他。

随着前来参观人员的日益增多，赵文来愈加觉得自己对老渔阳里2号的了解只是一鳞半爪，因此，他加入了上海中共党史学会下属的“渔阳里历史文化研究会”。这个社团很多会员都是文史、党史方面的专家，他认真地向他们学习请教，积累党史知识。如今，他可以流畅地为参观者讲述老渔阳里2号与中共党史上的诸多“第一”。赵文来自豪地说：“我的朋友都是有层次有境界的专家或文化人，与他们交往，我觉得自己现在做的事情非常有意义。”

▲ 团队参观老渔阳里2号

1959年5月26日、1980年8月26日，老渔阳里2号两次被公布为上海市文物保护单位。2020年7月1日，老渔阳里2号门口的铭牌由原先的“《新青年》编辑部旧址”改为“中国共产党发起组成立地（《新青年》编辑部）旧址”，重新向公众开放。

2018年6月12日，黄浦区正式实行“革命遗址保护项目”——对南昌路100弄2号（老渔阳里2号）住户进行置换，赵文来一家很支持这项举措，从市中心城区搬迁到浦东。尽管不住老渔阳里2号了，但赵文来与此处的情缘还在延续。他常来参加“渔阳里历史文化研究会”活动，继续热衷为人们讲述老渔阳里2号的故事。

卢树华：德医双馨的“大块头”医生

蔡小鸥

▲ 卢树华医生示范接生时握着手术钳的动作
◀ 由于长期握手术钳，卢树华医生的手受损严重，如今已经连笔都握不住了

卢湾人喜欢将小囡的初“啼”声留在卢湾区妇幼保健院，是因为其有精湛的医术和良好的口碑。卢湾区妇幼保健院 1923 年由俞松筠创建时，初名为中德产院，助产士也都来源于助产学校，因专业性强且设施先进而享誉沪上。20 世纪 20 年代，沪上产妇还在家等待接生婆时，中德医院就已倡导能减轻产妇生产的痛苦、降低孕产妇和产儿死亡率的科学新式接生法了。

过去产妇生小孩，曾有“一只脚踏进棺材”之说，母婴因难产、破伤风、早产而死亡的不在少数。在上海，每 10 万个产妇中就有 320 个死亡，每 10 万个婴儿中就有 12,000 个以上死亡。上海解放后，妇幼保健被高度重视，市政府先后接管了市立、私立的妇幼相关医院，新建市立儿童保健院、国际和平妇幼保健院、上海医学院附属妇产科医院。1952 年，17 岁的卢树华以优异的成绩考入上海第一个国立医科大学——上海医学院。毕业后进入南洋医院，走上了妇幼保健之路。

妇产科责任重大，每一个产妇的安全都关系着两条以上的大小生命，容不得半点马虎。因此，卢树华有自己的原则：具备献身精神，病人看作亲人；用心学习，举一反三；在实践中学习，在学习中进步；善于总结，精益求精。

之前，孕前检查是没有 B 超的，全靠医生一双手摸出胎儿的重量等健康状况。医术好的医生误差率不会超过 100 克的，卢树华便是。如果婴儿过小，她会叮嘱孕妇加强营养等注意事项。

几个小事例，从中了解卢树华。因知名度，常有人点名卢树华做手术。那年，她自己刚被切除子宫后不过 48 小时，却因抢救病人站立了10小时；江西余江一个19岁女孩因腹部有大量积水难以平卧，被误入内科，经卢树华团队诊断后，妙手取出了一侧重达42斤的卵巢囊肿，保全了子宫，女孩感动地说，上海医疗队给了她第二次生命；早年，一位乌镇人身带7元钱来看病，看完只剩3元钱，卢树华自掏腰包送了5元钱给她。卢树华救死扶伤的境界超越了职责范围：危在旦夕的新生儿亟须输血，O型血的卢树华多次毫不犹豫地献了血，她说，能换回一条生命，这点血不算什么！

▲ 国立上海医学院校徽

妇女的疾痛，唯妇女最了解。卢树华1977年进入卢湾区妇幼保健院后，业务技术上有了更高追求。一些妇女病本应能避免的，却因缺乏“卫保”知识而变重病，卢树华心情也跟着变重。她认识到，治病不如防病。于是，1935年出生的卢树华，于1987年作为访问学者赴美国洛杉矶加州大学主攻妇科肿瘤、健康教育及健康促进新领域前沿知识。很多人不理解，已年过半百，还去学习？理解卢树华，要先去了解她的原生家族：出身于浙江乌镇名门望族的父亲卢学溥，不仅是银行家，还是大文豪茅盾的引路人，年轻时在父辈开设的立志小学任校长，主办过题为“试论富国强兵之道”的乌镇“童生会考”。当时的在读生茅盾以一篇400字论文的结语“大丈夫当以天下为己任”而大受其表叔卢学溥赞赏，卷上批注的“十二岁小儿，能作此语，莫谓祖国无人也”，是埋下的文学种子。卢树华的哥哥姐姐都是高级知识分子，驰骋在建筑、电子工程等领域，唯独没有从医者，作为小妹的她遵从大姐意见，学医填补了家族空白。大姐的女儿任璧莲是美籍华裔作家，出版过《谁是爱尔兰人》等著作。卢树华生长在浓郁的学习氛围中，不断学习便是她的常态。

一年后，美方医院向卢树华抛出橄榄枝时，她却选择了回国。她说，将学来的先进技术尽快普及给民众，减轻患者病痛是自己的追求。她从一名普通的妇产科医生快速成长为擅长妇科疑难杂症的主任医师，再到带领员工的院长、区卫生局副局长。1991 年起，卢湾区妇幼院因保健工作的卓越贡献荣获“上海科技奖集体奖”；卢树华获“上海市儿童工作先进个人奖”“全国妇幼保健先进个人奖”等十多项殊荣。卢树华却道：“是我运气好，进入行业就碰上一位好导师周美蓉，之后又得到王凤兰和赵嘉然等妇幼保健机构领导、华嘉增和龚幼龙专家、同人们的支持，荣誉归大家！”

2004 年，建设延中绿地时，卢湾区保健院迁到了丽园路 712 号。但每年业

▲ 当年的卢湾区中德医院

▲ 瑞金医院卢湾分院

内考评名列前茅的还是卢湾老团队，退休在家的卢树华很欣慰，她承上启下的医德精神依然在闪光。

从医半个多世纪，德医双馨的卢树华，深受患者的尊敬与爱戴，大家亲切地称她为“大块头”医生。她出国买不到羊毛衫，店员会主动联系厂家，自愿义务加班为她赶制出来；物资匮乏的年代，食堂打饭师傅会偷偷地在她碗底塞进一块肉……这些，令卢树华感动至今：工人阶级的爱非常诚挚朴素，我只是做了该做的事，却得到了无限的回报。

做医生很累，尤其是妇产科。不少医生因此而转行，卢树华却坚守岗位，在平凡中创造出点点滴滴的感动。钟南山的语录：“选择医学可能是偶然，但你一旦选择了，就必须用一生的忠诚和热情去对待它。”用于卢树华，恰如其分。

坐着的是卢湾区妇幼保健院的前任院长周美蓉，左为卢树华，后为同事

中共策反机关旧址和三场婚礼的由来

黄凤芳

20世纪初，租界内兴建了一批又一批风格迥异的西式洋房。位于今黄浦区复兴中路、重庆南路口东南侧的重庆（吕班）公寓、花园公寓、万宜坊便是在此后陆续建成的，夹在这些高级公寓中间，有一排不怎么起眼的新式花园公寓，坐北朝南，连顶部阁楼共四层，厨卫配置齐全，本没有名称，老租客俗称它为“小公寓”。

▶ 中共中央上海局策反委员会机关旧址复兴中路485弄今景

1948年11月，张朝杰和叶佩仪两位年轻人在这座公寓（今复兴中路485弄11号三楼）内举办了一场不同寻常的婚礼。当晚，中共中央上海局策反委员会在此成立，这里成为上海解放前夕中共隐蔽战线一个重要的机关和秘密联络点。2021年初，笔者因红色遗址旧址树碑挂牌事宜有幸采访到张朝杰和叶佩仪的后人张友苏，得悉旧址的由来和这对夫妻三场婚礼的故事。

张朝杰和叶佩仪都是上海圣约翰大学学生，两家仅隔一条横马路，虽都是富家子女，却不约而同成为学校进步校刊《约友》的编辑，并在那里相知相恋。张朝杰的妹妹张朝素（又名方寺）很早就投奔苏北新四军，后与田云樵结婚，在上海开展策反工作。受妹妹、妹夫的影响，张朝杰也加入了中国共产党。巧的是，田云樵在向上级领导张执一汇报发展张朝杰入党情况时，才了解到叶佩仪也是共产党员，而叶佩仪的入党介绍人李正文和田云樵是老相识，两人都是策反委的核心人物。

1948年底，上级领导、妹夫田云樵交给张朝杰一个任务，让他和叶佩仪以结婚为由，找一间房子作为策反工作秘密联络点。张朝杰便以家中新房太小为借口，说服母亲掏钱让他去到外面另外“顶”一套房子。经多日奔走，最终把“婚房”选在了复兴中路487号（今485弄11号）三楼。该公寓夹在高级住宅小区万宜坊和

▲ 中共中央上海局策反委员会机关旧址复兴中路485弄建筑北面今景

吕班公寓（今重庆公寓）中间，周边所住大多为外侨和高级华人职员，透过屋内南北窗，弄内动态都可收入视线；且这里交通便利，加之房内装有电话，非常适合开展隐蔽工作。

张朝杰和叶佩仪的婚礼原定在1949年5月，但党组织根据当时解放战争形势，要求策反委立即开展活动，于是提前至1948年11月举办，这是他俩的第一场婚礼。婚礼在上海华格臬路（今宁海西路）董竹君开办的锦江川菜馆举行，主婚人田云樵，证婚人张执一。因为是组织安排，他们把这次婚礼称为党内婚礼，不通知亲友，但要让新房邻里都知道。婚礼当晚，嘉宾们一起去张朝杰和叶佩仪家中“闹新房”。就在婚房内，上海局领导人之一的

▲ 田云樵与方寺解放前夕在上海从事情报和策反工作

▲ 张朝杰、叶佩仪在公寓小花园合影，背后墙是万宜坊

▲ 李正文、陈蕙瑛夫妇照片

张执一宣布成立中共中央上海局策反委员会，书记张执一，委员王锡珍（陈约珥）、李正文、田云樵；同时还在此成立策反委机关党支部，支部书记陈蕙瑛（李正文的妻子），成员张朝杰、叶佩仪、方寺、刘毓兰（王锡珍的妻子）。张执一还当场规定了机关警报信号、电话联系暗号和人员进出联络方法等。

▲ 中共中央上海局策反委员会机关旧址今貌

策反委成立后的主要任务是争取国民党政府文武官员和上层人士不去台湾，收集各种军事情报，在可能条件下策动国民党军队官兵起义。策反委组织专人分别与国民党海陆空军和政府主要机构的中上层爱国人士建立联系，取得他们的信任，打开工作局面。张朝杰、叶佩仪所在机关党支部的任务则是掩护策反委员会开会和联络时的安全、保管文件和传递情报、收集和剪贴报刊上有关的信息、书写劝降信寄给国民党高级军官等。写劝降信时，因避免字迹被认出，张朝杰、叶佩仪他们就用直尺将字的笔画一画一画地写成直的，然后分别投到不同的邮箱里，这个信筒投两封，再到别的信筒投两封。

由于工作须对外绝对保密，张朝杰夫妇又在今延安西路一家饭店举行了第二场婚礼，邀请圣约翰大学同学参加舞会，官宣结婚。那时富家子弟结婚流行出国旅游，他俩就在婚礼上声称近日将离沪蜜月旅行，避免引起可疑和误会，为秘密工作筑了一道安全屏障。

新中国成立前的上海一片白色恐怖，策反工作形势异常严峻。1949 年 3 月 17 日，打浦桥新新里中共电台发报员秦鸿钧和夫人韩慧如被捕，电台负责人张困斋随后被抓。策反委李正文将电台交到张朝杰家中暂时保管，直到建立起安全的发报处才转移。1949 年 4 月，张执一、李正文经党组织安排转移。为安全起见，在新接手的沙文汉书记安排下，复兴中路策反委机关曾一度停止活动十余日。

1949 年 5 月 17 日，张朝杰和叶佩仪的第三场婚礼在南京路燕云楼举行，由张朝杰母亲主办，还特地请来圣约翰大学校长涂羽卿证婚，十分热闹，这才是他俩真正意义上的婚礼。为了中共隐蔽战线工作需要，张朝杰和叶佩仪半年时间里先后举行了三次婚礼。

▲ 张朝杰、叶佩仪结婚照

中共中央上海局策反委员会成立后，在上海、南京、杭州一带开展工作，虽历时仅半年多，却成功策反了蒋介石的预备干部局代局长兼预备干部训练团团长、第一总队总队长贾亦斌，后勤总司令部上海港口副司令段仲宇（段伯宇之弟）；策反和劝降了驻守苏州河北岸 51 军军长刘昌义等一批国民党中高层官员；还促成了国民党伞兵团起义和国民党海军“重庆号”起义，为上海解放和这座城市的完整接收做出了卓越功绩。

因为隐蔽工作做得好，该机关旧址至上海解放都未暴露，在新中国成立后很长时间也不为人所知。

我与『思南』

张载养

绿树护红楼

思南公馆从艰难起步、精心修缮到开放运行至今已有20年了。20年对一座城市的发展是短暂的；而对于思南街区的蜕变和新生来说，却有着不寻常的意义。它留住了一个历史底蕴深厚和故事久远的“思南”，呈现了一个充满现代气息、洋溢勃勃生机的“思南”。这是思南之福，也是上海之幸。

我与思南的关系由远而近，情缘渐深。思南路及周边曾经给我的印象就是树多人少，幽静神秘。当我担任了卢湾区区长后，思南路街区在我的视野里逐渐清晰起来，格外引以为傲。1999年1月14日下午，在锦江小礼堂一个活动结束后，时任副市长的韩正留下来听取旧区改造的汇报，其间他向我们郑重提示：思南路上有上海很少见的成片花园住宅，你们要好好研究怎么保留保护，开发利用。这是思南街区保留保护第一次被正式提出，这项工作也由此列入了卢湾区及上海市的议事日程。

于是区政府与市建委、规划、房管、文保等部门密切沟通、磋商，开展了一系列工作。市政府很快批准开展历史建筑与街区保护改造试点，印发了相关实施意

周公馆前的翠绿

▲ 时尚意韵

▲ 流光溢彩

▲ 思南春早

见；市建委明确将思南路部分街坊列为市保留保护性改造试点地块；市房地局与永业集团签署了项目土地使用权出让合同，永业集团据此启动居民置换搬迁工作；卢湾区委托同济大学等单位开始编制相关的保护与整治规划。至此，思南路花园住宅的保留保护及开发更新工作实质性启动了。

对这么一个市中心成片花园住宅群整体的开发更新，在上海和全国都没有先例，更谈不上经验了。出于对此项工作的格外关注和多重期望，在规划研究和编制过程中，各有关方面有过一些不同看法和意见。比如，对保留保护为主还是改造开发为主就有完全相悖的看法，有的认为“黄金地段就该高强度开发，争取黄金效益，怎么可以拿高档毛料去裁剪做短裤呢”，有的则认为“既然是保留保护，就应该像模像样、原汁原味，哪能这里改改，那儿动动”；又比如，对侧重于代表性单体建筑的保护还是整体性历史风貌的保护也是各执一词。好在经过认真细致的调研和充分的讨论，大家的看法逐渐趋于统一，形成了保留保护为主、适度调整开发的共识，进而又精炼浓缩成“重现风貌、重塑功能”的基本原则和指导方针。据此形成的《卢湾区思南路花园住宅保护与整治规划》于

2002年8月获得市规划局正式批准。说到这里，我不由得想起同济大学的两位女教授邵甬和卢永毅，她们直接参与了方案研究和规划编制的全过程，她们的崭新理念、独特创意、细致调研和不懈坚持，为思南项目的成功，做出了重要贡献。

现在常说思南公馆姓“公”，这里有一个鲜为人知的细节不能遗忘。通常进行地块开发都讲究投入产出，最好是分期滚动开发，边建设边出售，这样操作资金回笼快、财务成本低、经济效益好，更何况思南的保护开发是个置换很难、投资超大、周期特长的项目。我们在研究方案时也曾想采用这种通常的做法。一次，我在向已任上海市长的韩正同志汇报时，他明确表示不赞同出售。他说：“思南街区保护开发后要向公众开放，成为能让市民进入的共享空间，不能变成一个大门紧闭、围墙隔绝的深宅大院。”按照这一指示，我们调整了投资和运营模式，也由此确定了思南公馆姓“公”的基调，并在以后的实际运作中不断丰富内涵，拓展实现形式。

除了政府的高度重视，思南路花园住宅的保护开发还得到了市人大的大力支持。2002年7月25日《上海市历史文化风貌区和优秀历史建筑保护条例》正式通过，这给当时正在同时进行整幢置换和房屋修缮的工作提供了法律依据和极大的支持。

2005年9月，我离开了卢湾区区长的岗位，但无论身在何处，对思南的关注一直没有消减与中断，对继任者们和永业、思南团队的工作极为赞赏，对思南的每一个进步都十分欣喜。

上海世博会举办之际，思南公馆项目基本建成并被确定为世博会重要接待场所。喜爱摄影的我，自然不会放过这个曾经挥洒过热情和心血的地方，常会抽空去走走看看，并寻机定格那些令人赞叹的美景和让人难忘的瞬间。

2012年的某一天，我与永业集团董事长钱军相约在思南公馆，听他介绍进一步发展的设想。他有意建一个与思南历史、文化相关联的沙龙，通过定期或不定期的

▶ 犹如"三姐妹"比肩的联排建筑

▶ 思南建筑风格之一

▲ 带有旋转外廊的建筑

▲ 思南建筑风格之二

讲座、论坛挖掘思南内涵，扩大思南影响。这很像是现在思南读书会活动的雏形，更像是文化思南的萌芽。受此启发，我提议办一个以思南历史文化为主题的杂志，梳理思南的过去，记录思南的现在，展望思南的未来，这差不多就是如今《海上思南》杂志的序章了。

思南读书会等系列活动推进得十分顺畅和成功，现在成了思南的亮丽品牌。说来简直让人难以置信，在一个似乎注定属于商圈的地方，居然能生长出那么多株文化绿苗，且长势良好。思南读书会 6 年多来举办了 340 多场，邀请到 1200 多位作家、学者、出版人，参与现场活动的读者累计已近 5 万人。能有如此盛况，读书会的主要创始人、上海市作家协会副主席孙甘露及其团队功不可没，没有他们的非凡创意和全心投入，思南读书会绝不可能办得这样成功出彩，声名远扬。

20 年光景，往事历历在目。我与思南情缘已深，情意难了。往后的岁月依旧会情系思南，由衷地祝福思南。

建筑史话

有人说，建筑是可以阅读的，淮海路街区数量众多、风格迥异的建筑是历史的见证，保护历史建筑抑或携有浪漫、怀旧的思绪，但其同时亦具备对后人的教育和激励，其不仅是现今的基石，也是链接未来的载体……

上海新天地地标是如何诞生的

周永平

▲ 新天地建成前的石库门街坊

1998年，北京中南海一个电话拨到中共上海市委，告知2001年7月1日中国共产党建党80周年时，江泽民总书记将亲自来上海瞻仰位于兴业路上的中共一大会址。那是中国共产党的“摇篮”和“圣地”。中共上海市委立即布置修缮中共一大会址。一大会址是国家一级文物，市文物管理委员会（简称“市文管会”）汇报：一大会址所在的太平桥地区已列入重建规划，将拆除23幢旧石库门街坊建高楼，一大会址周围仅保留部分石库门老房子，未来太平桥地区重建完成后，一大会址将陷入高楼大厦“谷底”的尴尬境地。

▶左图：保留石库门“壳”的做法，是掏空建筑内部结构，仅仅保留几面青砖墙。保留的是建筑文化可识别性

▶▶右图：这一排的石库门内部打通，钢筋混凝土架构与保留的青砖墙黏在一起，成为新房子。房子外表保留了石库门的特色

▶左图：老墙不能倒，全靠铁架子支撑着。工程师特别关照搬运铁管的民工们，必须轻手轻脚，小心翼翼，不能碰到老墙，一不小心就会把“文化”撞掉

▶▶右图：旧青砖墙外的弄堂里要挖地3米深，地底下铺设水、电、煤气等管线设施。工人们正在开挖弄堂地面

▲ 20 世纪 90 年代的太平桥旧区农贸市场

▲ 喷泉广场北面一幢石库门，改造之前的衰败模样，旧建筑木柱腐烂，青砖墙酥松，需要脱胎换骨的改造才能变成新场所

同时，有关部门还汇报了一件事，1996 年某国元首访华期间，在上海参观完中共一大会址后，突然提出想看看一大会址背后居民石库门弄堂生活，这可紧张坏了陪同的上海干部，那些石库门里弄几十年来破旧不堪，还在用煤饼炉和旧马桶，住家拥挤杂乱，颇有七十二家房客的乱象，远不如当年“石库门”弄堂的清静闲雅，有损国家形象，遭我方外交人员婉拒。上海市委领导意识到问题的严重性，需要成片保护和保留一大会址周边的石库门老房子，营建中共 1921 年建党时的历史环境和氛围，尊重历史须还原历史是个重大原则问题。上海解放已近 50 年，一大会址周边的石库门里弄还是老样子，实在说不过去。上海市委立即做出决定，一定要保留一大会址前后两个石库门旧街坊，在 2001 年 7 月江泽民总书记来瞻仰一大会址之前，把它改造一新，并责令市文管会监管这个称为一大改造工程的

项目。

市文管会召集各相关部门开会，共商中共一大会址周边历史风貌建筑保护问题。有文管会专家提出了一个让历史建筑“延年益寿”的改造方案，拆了中共一大会址前后两个石库门街坊的老房子，原模原样复建新石库门房子，放进煤气和抽水马桶等现代生活设施，在市场上作为商品房出售。当时上海新建的公寓房价是 3000 元一平方米，由于两个街坊容积率不变，一拆一建的成本高达 2 万元一平方米，市场经济条件下，这种“延年益寿”的改造方式让开发商怎么做？事实上行不通，市文管会内部形不成统一意见，拿不出好办法，犹如驾着小舢板在水边打转转。

以专家教授为主的市文管会成员在会议桌边争论不休，时间毫不留情地一天天飞逝，项目开发商瑞安公司董事长罗康瑞急了，他等不起，公司每天的运转是有巨

▲ 新天地北里建筑与南里建筑在外形上的巨大反差，是一种不对称美，同时也体现“你中有我，我中有你”的跨界与融合。北里石库门街区，插进了几幢现代建筑，南里的新建建筑中保留了几幢石库门老房子，体现了传承中有发展，发展中有传承

▲ 石库门亭子间是二楼的拐角处的小房间，亭子间屋顶上是阳台，地板下是厨房，夏天热得像蒸笼，冬天冷得像冰窟，一般用作储藏室或用人房，20 世纪 20 年代曾是上海众多文化人蜗居的空间，因此诞生了“亭子间文学”，在中国的文学发展史上占有一席之地

▲ 顶楼的三层阁，是屋檐下的三角空间，屋子里的光线是“老虎”天窗透进来的。上海人的“老虎窗”一词源自英语“roof”

大成本的，时间就是金钱，而且离最后期限的 2001 年 7 月只有两三年时间，施工需要时间，现在连方向也没有，真的把他逼进了“死弄堂”，唯有另辟蹊径。

创新常常是被逼出来的，当你觉得无路可走时，也许离创新就不远了。罗康瑞脑海里闪电般跳出一个念头，他经常在欧美国家看到那些城市的百年老街、千年古堡，利用历史建筑开设酒吧、咖啡馆、餐厅，让国内外游客品咖啡、喝红酒、尝美食，感受这座城市的历史和现在。各国的历史建筑不同，美食风味不同，非常吸引游客，人气旺盛，但上海当时是个空白，石库门街坊为什么不可以这样做呢？中共一大会址前后两个石库门街坊不正是见证上海城市发展历史最佳的地方吗？

还是见证中国当代历史的最好去处。

但是，灵感毕竟不是令人信服的实施方案，罗康瑞需要“贵人”相助，让灵感落地成为可操作执行的方案，罗康瑞在全球寻找这方面专业人才。在太平洋彼岸的美国波士顿，本杰明·伍德设计事务所进入他的视线，此人在20世纪八九十年代做过许多优秀的老建筑改造项目，最著名的是他参与过把波士顿一个旧仓库改造成时尚休闲景区，成为哈佛大学的学生和当地市民休闲之地，也成为国际游客的旅游景点。罗康瑞特别邀请本杰明·伍德到香港见面，两人一见如故，谈得十分投机。伍德先生说，如果把石库门修复后再住进去，像博物馆一样，只会被历史淹没。生命在改变，社会在改变，建筑也要改变，一成不变的事物会使人感到乏味，我们不要重复历史，而是创造新的历史，让石库门从私人空间走向公众共享的区域，让更多的人感受石库门文化的过去，参与它的现在，见证它的未来。我们对石库门改造的做法是在创造另一部历史。这番话很对罗康瑞的心思，虽然他们是第一次见面，一个东方商人和西方建筑师，要让上海平凡的石库门变为不凡的“都市地标”。

罗康瑞回到上海，在市文管会、卢湾区政府的联席会议上拿出了一个令人震撼的方案，把两个石库门旧街坊改造成一个休闲商业街区。会场上所有的人都怔住了，石库门街坊可以采用这种办法改造，闻所未闻。罗康瑞述说时充满激情，举证了国外一些成功案例，这个梦想感染了在场所有的与会者。最终，新方案获得了区政府和市文管会绝大多数成员的支持，这个将来会震惊中外的创新项目终于启航了。

伟大作品的背后是别人看不见的艰辛。新天地当时是个说不清的项目，1997年亚洲金融危机中，没有一家银行愿意为一个前景不明的开发项目贷款。时间非常紧迫，2001年7月1日工程完工的后墙高耸，罗康瑞决定拿自己的钱出来，他只问了财务一句话，如果这个项目失败会不会破产？财务想了想回答肯定不会。罗康瑞破釜沉舟，带着充满创新活力的瑞安公司，用自有资金 14 亿港币去上海“搏”一次曙光初露的机遇，14 亿港币中首期投入 6.7 亿用于动迁居民，一半用于对石库门进行整旧如旧的彻底改造。

为了这个项目名称，罗康瑞和同事们绞尽脑汁，想了好几个月，起了许多名称，都觉得不够好，项目都快建好了，名称还没想出来。有一天，罗康瑞和同事聊天，忽然灵感来了，说这里紧靠中共一大会址，“一”加上“大”不就是个“天”吗？有了“天”就想到“地”，这是一个从 20 世纪迈入 21 世纪的跨世纪项目。可以用“新”来表述，“新天地”的名称由此确定。

百年历史的“石库门”曾在 20 世纪末被上海人视为城市现代化的“包袱”，恨不得一夜之间全部拆光旧石库门弄堂建设摩天大楼，新天地让石库门“一夜成名”，华丽转身成为上海的时尚地标，成为城市的新名片！外国人走进新天地觉得它很中国，中国人走进新天地觉得它很国际，中老年人走进新天地觉得它很怀旧，年轻人走进新天地觉得它很时尚，连新婚夫妇婚纱照也要以新天地为背景拍摄。新天地刚落成时，淮海路办公楼里的年轻白领们说：“时尚不时尚，就看你一星期去几次新天地。”这就引起了无数人的好奇，全国各地、世界各地来新天地消费、游玩的人络绎不绝，每年达 1500 万人次，而且 20 年经久不衰。

上海新天地是原创意义的国际品牌，2016 年美国《福布斯》杂志评选全球 20 大文化地标，“上海新天地”名列其中。上海有许多“新”“奇”“特”的地标性建筑，却只有内含石库门文化的新天地列入全球的文化地标，一个崭新的上海文化新地标诞生了。

◀ 新天地的宽弄堂

旧街坊凭什么成为新地标

周永平

新天地是上海这座城市里凝固了的艺术品、凝固了的音乐，每天吸引国内外成千上万的人去欣赏它，就像欣赏一场赏心悦耳的交响乐。这么一个近百年前的旧街坊，是如何从丑小鸭蜕变为金凤凰的?

上海除了历史学家，普通市民很少人知道衰败的石库门在历史上曾有过辉煌的时刻。石库门从它诞生到衰败是一个漫长的百年过程，积淀丰富的文化资源。石库门现今给人的印象是肮脏、杂乱、落后，但它曾有过光耀世界的巅峰阶段，上海人的“怀旧”情绪都与 20 世纪二三十年代

上海辉煌的那段历史有关，项目策划者大有文章可做，“新天地”项目就是把一条老石库门弄堂改造成整旧如旧的时尚区域。

项目方瑞安公司把不同文化背景的建筑师集中在同一楼面工作，让不同的文化记忆天天见面、碰撞、擦出火花，真理常常站在各种意见的交叉点上。建筑设计师们提出，要以“玩”的心态设计新天地，因为新天地是让人们休闲放松的地方。

譬如，新天地“步行街”的尺度多宽为合适呢？有的设计师主张维持石库门主弄堂的尺度，弄堂的尺度和空间感是当年很自然形成的。只有尊重了城市的记忆，才能产生磁铁般的文化感召力和吸引力；有的设计师从商业视角出发认为应该拓宽弄堂的尺度，如果我们相信新天地建成后能吸引更多的消费者，就必须预留大空间，否则会造成步行街拥挤混乱的后果。

设计师不同的观点来自不同的评判标准，一种是文化的，另外一种是商业的，

▲ 石库门的一方天井，是大门与内屋的过渡空间，也是安全感的心理空间。天井占地不大，可以上观日月，下接地气，也是洗衣、择菜的场地，有些居民会利用这片方寸之地养花种草，增加生活情趣，自得其乐

▶ 新天地的窄弄堂

这两个评判标准之间存在平衡和张力。总设计师美国人伍德的想法很另类，他说：“尺度是心灵的感受，过大不好，过小也不行，心灵愉悦感是最合适的尺度，能看见对方眼睛是人性化的尺度。你在那里经常看见熟人，你下次还会不由自主地想再来，新天地不只是一个物理空间，它还是个心灵的空间。”伍德的评判标准是以人为本的，是在文化与商业之间找到某种平衡，得到了大家的认同。能看见对方眼睛的距离，确定为新天地步行街的空间尺度。

中外建筑设计师们差不多花了一年时间去看每幢老房子，鉴定这幢老房子是哪个时代的作品，出自哪位建筑师之手，去鉴别哪座房子值得保留，哪座要拆掉，哪个建筑空间将来适不适合做酒吧、餐厅或画廊。新天地的创作过程是一种解脱苦闷的过程，建筑师们常常走在路上，坐在车上，甚至在饭桌上、健身房的跑步机上，头脑里一个电光闪过，赶紧找小纸片记下来；常常在难以入眠和梦中突然惊醒，灵感冒出来了，马上跳下床打开台灯写写画

▲ 新天地的店招牌千姿百态，但尺寸大小都是统一的，体现了管理的细节

▲ 108位世界小姐站在新天地北广场上，她们脚下是108块签名“红砖”拼就的石库门图形，她们对着记者镜头高喊：“我爱上海！我爱新天地！”

▲ “世界小姐环球大赛”的模特儿在新天地的步行街

画……兴奋、痛苦并快乐着。往往一幢石库门房子刚刚改造翻修完毕，建筑师一觉醒来又有了新的想法，大家都觉得这个主意更好，决定推倒重来，建了拆，拆了再建，反复折腾，直到满意为止。

在改造方式上，建筑师把20多幢石库门老房子内部全部掏空，打通成大空间，内部用钢筋混凝土结构重新构建，赋予建筑新的生命力；外部仅仅保留石库门外墙立面“一层皮”，对旧砖墙注射从德国进口的“护墙膏”药水，这些药水是专门用于延长古建筑遗址寿命的，价格昂贵。为了一个“旧”字，改造耗资巨大。

把石库门做“旧”比做新的难度高，因为没有前人的经验可参照。内部被掏空的老砖墙不能倒，全靠铁架子固定支撑，工程师特别关照搬运铁管的民工们，一定要小心再小心，一不小心就会把“文化”撞掉了，这让施工人员难以理解，这些破砖墙在其他工地上，用推土机、挖掘机掀翻推倒司空见惯，怎么到了这里就成了宝贝似的“文化”？新天地不但对旧砖墙十分小心翼翼地保护，还有石库门屋顶上的旧瓦片以及弄堂的路面，都是历史文化的一部分，旧瓦片也是一片一片拆下来，挑选出可再利用的旧瓦片，经药水处理后再使用。当然，屋顶上首先铺设两层隔热防潮层，再铺上旧瓦片，恢复历史建筑的外貌。设计师对石库门弄堂的墙面故意保留了一些破损的痕迹，形成“残缺美”。弄堂的地面为了再现历史的逼真感，埋设各种管线后，浇筑水泥路面，再铺上青砖，让它慢慢长出青苔，仿佛是20世纪留下的石库门旧弄堂，而石库门内部都是按照21世纪都市生活方式、审美情趣和情感世界量身定制的新空间。

精心的设计，精心的操作，终于诞生了世纪的作品。人们走进新天地的石库门弄堂，仿佛回到了20世纪，但跨进任何一个咖啡馆、餐厅、酒吧和商铺，里面都是21世纪的现代生活，门里门外，恍若隔世，一步之遥，穿越时空。

新天地组织了“怀旧”基调的画展、音乐会、知名作家谈“张爱玲小说”、探讨昆曲的创新之路；还邀请了著名艺术家陈逸飞组织一场特别的时装秀，安排美女模特身穿白色半透明的衣裙梦幻般地穿梭于石库门弄堂的门里门外，仿佛穿越了两个世纪，开创了“穿越剧”新潮风气。让人大开眼界，非常形象地解读了新天地“昨天、明天，相会在今天”的开发项目灵魂内涵。当时许多观众以为艺术家在挥洒怀

▼ 新天地壹号会所是一幢带有欧式阳台的三层小楼，虽经沧桑变迁，岁月磨洗，仍不失大宅公馆的气派

▲ 美丽璀璨的上海新天地夜景

旧情绪，唯美主义，其实是艺术家在呼唤一种尊重历史，开创未来的文化态度。

那年，世界小姐环球大赛“全球推广”巡游活动到了上海，五大洲108名佳丽吸引了上海市民的目光，备受娱乐媒体关注。主办单位的眼界很特别，他们不愿把活动放在五星级豪华宾馆里做推广，因为全世界的宾馆都差不多，难以表现城市特色，新天地马上去游说活动主办方，介绍石库门建筑代表了上海的海派文化。主办方看完新天地立即做出决定，策划了一场“世界小姐走进新天地，美丽的眼睛看上海”活动。安排各种肤色的美女穿越石库门弄堂，欣赏石库门天井、客堂间、坐太师椅、品中国茶，让现代的选美时尚与上海历史建筑跨界融合。新天地特别邀请了电视台和几乎所有的时尚杂志、报刊摄影记者108人，与108名世界小姐相会在新天地北里小广场，“长枪短炮”的照相机、摄像机不停地闪光，站成弧形的世界小姐各自摆出优雅的姿态。那一刻石库门新天地站在了时尚潮流的顶端。

全国最有历史文化底蕴的基层检察院

谢志飞

▲ 上海市黄浦区人民检察院

上海市黄浦区建国中路 20—22 号原先是法租界会审公廨及巡捕房旧址，也曾经是卢湾区人民法院和卢湾区公安分局的办公场地，我就在卢湾区公安分局工作过。后因人员编制增加，办公场地局促，法院和分局先后搬走，留下的场地空关多年。2011 年我已在浦东公安机关工作了，那年 6 月黄浦、卢湾两区合并。新组建的黄浦区人民检察院选择了这两座旧楼办公，我觉得他们很有眼光。经过历时三年多修旧如旧的整装饰，岁月在细节处丝丝可见。曾经附攀在法式建筑上残破的违章搭建——简陋的过街楼、塑料雨棚、吊脚阁楼……被摧枯拉朽。重饰的巴洛克式洋楼重又风姿绰约地展现在世人面前……

日前，一个秋高气爽的午后，我同几位朋友与素未谋面的黄浦区检察院已退休的原检察长王润生在田子坊茶室促膝交谈，得知王检曾经在上海市检察院担任过多年的宣传处处长，对中国法制现代化的历史以及海派文化的内涵有较深的认识，还写得一手好字。两区合并后他是新黄浦区首任检察长，他除了履行职责完成各项检察业务和人员配置外，还为组织落实两幢历史保护建筑的修复工作花费了大量精力。我觉得他是一个有文化修养的领导，

建筑夜景

▲ 黄浦区人民检察院大楼前的五星红旗

于是调侃地说：如润生检察长名字所愿，两幢百年老建筑得以重新滋润而生有润生润饰之故也。

王检告诉我们，这两幢旧楼区里曾考虑租给企业使用，因车辆出入不便始终未果。当区检察院提出使用要求后，得到区委、区政府领导的大力支持，并提出了修旧如旧、恢复历史风貌的要求。市和区规划、文物保护等部门在工程实施过程中经常到现场进行调研、指导、提供历史资料。王检还特别提到负责施工的永业集团美达装饰公司，没有他们精湛的历史建筑修缮技术，这项工程是无法实现的。在修旧如旧的过程中，不免也招来一些非议，如采用老工艺、老材料成本太高；又如老建筑修缮后的气势是否显得过于奢华……然而，市检察院和区领导力排众议，认可专家们关于“历史保护建筑修复需要成本”“百年前的司法建筑就是如此”的说法，使新黄浦区的检察官以崭新的面貌顺利入驻办公。

又是一个秋高气爽的日子。我故地重游，来到建国中路20—22号。大门口有介绍这两幢历史风貌建筑的铭牌，吸引不少路人驻足观看。入内，只见怀旧的洋砖地面、硬木楼梯扶手、老式的铸铜门把手及插销、曾经破损的彩绘玻璃窗、呈亚光

▲ 按原型修复的石球和石梯

▲ 俯瞰对称的石梯

的几何图案绛色釉面砖、拉毛的外墙立面、斩石工艺凿制而成的石扶栏、石梯、石球，玫瑰金色的五金件、天地锁、硬木门上的装饰条、顶部的石膏线，每一样、每一件都按其原始面貌整修。如今呈现在我们面前的原巡捕房、会审公廨建筑，让我这个曾经在此办过案的警务工作者也有一种恍若隔世的感觉……我走进 22 号地下囚室，30 多年前我作为卢湾分局刑警，曾经无数次来此送、审“刑嫌”人。我沿着 22 号一楼大厅北侧暗门内硬木楼梯旋转而下，来到曾经幽暗潮湿的地下囚室，甫至，即被整饬一新的景象触动，墙面上陈列着上海解放前曾被囚禁于此的革命前辈的史迹资料：有中共创始人之一的陈独秀被关押期间的史料照片；有中共党员、上海解放后第一任公安局局长李士英被羁押于此的史料照片；有反蒋反内战而被关押于此的“七君子”事迹资料等，肃立在这些珍贵的革命斗争史料前，我被修旧如旧的法国巡捕房、会审公廨里竟能挖掘出如此生动的革命斗争史料而深深

▲ 红砖呈放射线条的拱形长廊局部

地震撼。

复古的洋楼，复古风的彩绘玻璃窗，斩石而成的石梯、石栏、石球，系统而完整地恢复了的西欧司法建筑华美庄重风格的两处建筑，在让游客到此打卡一游的同时，又别具了革命传统教育基地功能。应该也是契合黄浦区文旅融合创新之时代需求的。同行的朋友告诉我“这是全国最有历史文化底蕴的基层检察院”，移步换景的我，边参观，边寻思：他说得没错……

▲内景之一、之二

新天地：建筑与文化融合的创意

王佳杰

说起新天地，我当然去过很多回，不管是与家人游玩、与朋友聚餐或是商务活动，新天地都是一处不错的选择。但是每一次来到新天地，都是走马观花，匆匆而过。清水墙、窄弄堂、黑色大门、带有巴洛克风格的门头……看到都是一些外在的符号。

记得大学毕业来到上海时，我对上海历史文化是一知半解的。知道石库门并对其产生兴趣，始于《新闻坊》节目中主持

▼ 新天地后弄堂之一

人每天的开场白：“在石库门里向大家问好！”新天地这样一处改造过的石库门，俨然形成了我对石库门的第一印象。

如今，从事历史建筑保护工作的我，深入地去了解这些上海独有的、中西合璧的历史建筑时，也进一步了解了上海这座城市百余年的发展轨迹。改造前的新天地，只是上海留存的一处普通的石库门街坊，破旧甚至衰败，新天地则是在开发性保护之下，经历的一次重生。

文物建筑如何保护和利用，城市记忆如何保留？在上海华夏文化创意研究中心与黄浦区文物保护管理所联合推动下，邀请新天地的开发商瑞安集团顾问周永平先生，于 2020 年 9 月 22 日下午，在淮海中路街道社区文化活动中心，举办“百年石库门，一片新天地”专题讲座。主讲人从亲历者的视角，与听众分享了新天地项目背后的故事。

在筹备这场讲座前，我已经拜读过周永平先生的《新天地 · 非常道》。改造一片破旧的石库门街坊，推倒重来是最简

▲ 新天地后弄堂之二

▲ 新天地太仓路 T 字形入口

▲ 新天地街景

单的，但是既要保留原建筑，又要使她具备新的活力，同时带来长久的经济效益却是困难重重。

周永平先生讲述了新天地石库门改造初期的方案之争。究竟是拆除旧石库门、重建保持原貌并有独用厨卫的新石库门，还是对旧石库门街坊不拆除、采取整旧如旧的设计方案、赋予建筑新的用途？这场争论开启了上海一扇对历史文化遗产保护和利用的认知大门。

新天地留住了什么？周永平先生认为，新天地通过整旧如旧，保存了石库门的历史风貌。新天地的屋里厢博物馆，展现了完整的石库门原貌。新天地满足了人们对旧居怀旧的心理状态。新天地保留的后弄堂，南端是中共一大会址（兴业路 76 号），北端是新天地壹号楼（太仓路 181 号），当时的社会精英、创业者、革命者都曾住在这片石库门街坊，我们至今还可以追寻到他们的足迹。

新天地“新”在哪儿？周永平先生阐述，一是把石库门的私人空间变成共享空间；二是把石库门居住功能变成商业功能。新天地创造了石库门整旧如旧的改造手法，创意了休闲生活方式，新天地传递了“文化跨界”的城市新文化，影响到上海的服装、餐饮、文化设计、影视业等多个行业。

秋高气爽的一天，我又一次光顾新天地，循着周先生介绍的新天地亮点线路领略其中的风采。

马当路、太仓路路口是新天地的 T 字形入口。不同于圈起来的景点，这里形成了一个开放小广场，改造成咖啡馆的清水砖墙石库门老房子就完整地展现在眼前，游人在此就可以驻足休息，欣赏街景。

中午的新天地阳光明媚，人流如织，老房子改造的餐厅外，半露天的场地坐满了顾客，享受美味的同时还能欣赏风情独特的街景，热闹但不嘈杂。拐入悠长的后弄堂，则来到了一处幽静的地方。后弄堂由几排石库门房子构成，清晰地保留了初建时弄堂的肌理和房屋的外观。细细一看，石库门敞开的大门内有的加装了新式的玻

▲ 中央广场

璃门，有的则是直接改造成了颜色与老石库门一致的特质玻璃门，焕发出时尚又复古的气息。为了不遮住外墙特色的建筑构件，每幢石库门门口商家的招牌也做了特殊处理，小巧精致。

从中心广场外往后弄堂最深处的老房子走，能感受到新天地在业态选择的时候，也有意考虑了曾经石库门有过的生活方式，遵循了从人群密集的共享空间到私密的独用空间的过渡。

热闹的中心广场继续向前，经过创意满满的各色商家，右边就是“屋里厢博物馆”。一进门，传统石库门内部的格局映入眼帘：天井、客堂、东西厢房、后面的灶披间；二楼的亭子间、前楼、东西厢房，每个房间都保留了旧时的陈设，完整展现了当时一户人家的石库门生活。正如周永平先生所说，屋里厢博物馆的保留，为这座城市找到了一条回家的路。

我想，通过“百年石库门，一片新天地”的建筑保护和文化创意的诗意又敦实的融合，促使这些文化遗产活起来，成为人们生活的一部分，就一定能被记住被留住。

探访科学会堂

王佳杰

▲ 一楼大厅

从陕西南路口自西向东沿南昌路漫步，梧桐掩映，幽静高雅，两侧的老建筑外观完整，清水砖墙、水刷石墙面、深色窗框和黑漆铁门，保留了浓浓的复古韵味，令人目不暇接。科学会堂 1 号楼这幢体量巨大的法式建筑，就坐落在南昌路与雁荡路的交会处。古典的门窗隔绝了外界的喧嚣，充满着故事感，透着一丝神秘，每每经过此处，我总希望能进去一探究竟。

2019 年，我入职黄浦区文物保护管理所，成为一名文物工作者。正逢《阅读黄浦》微信小程序项目深入展开，为拍摄建筑、挖掘史料，我第一次走进科学会堂，细细欣赏建筑的每一个角落，探究它的历史故事，了解它的岁月变迁。

平日科学会堂并不对外开放参观，为了在小程序中全面展示这幢历史建筑的美感，让市民充分认识和了解，我们通过 VR 全景对建筑的内外部进行了拍摄。

摄影师的镜头捕捉了建筑各处的美。

富有特色的门洞，拱券类型多样，保存完整。尤其出彩的是建筑北立面入口处，底部为半圆拱形门洞并饰以贝壳状雕饰，中部为倒圆角矩形窗，顶部有宝瓶式栏杆及山花，“科学会堂”四个大字便镌刻于此。

航拍器的镜头中，会堂的屋面如同一曲美妙的乐章，错落有致地铺散开来。建筑中间及两端有三个各带老虎窗的孟莎式折坡屋顶；中间屋顶有简化巴洛克山花式样，中嵌圆形大钟；其余屋顶各带一精致的圆形小老虎窗。檐下成组出现的硕大木质牛腿，起到了承托与装饰檐口的双重作用。

一楼大厅，弧形门厅两侧为双合式木质楼梯，气派十足。沿楼梯拾级而上，巨大的彩绘玻璃镶嵌的弧形花窗瞬间夺人眼球。这面彩绘玻璃于 1918 年由土山湾美术工场制作，图案具象、花枝招展，是如今上海单体建筑中现存面积最大的彩绘玻璃。光线透过玻璃，呈现出瑰丽辉煌的色彩。

▼ 正面全景

▼ 彩绘玻璃

▲ 双合式楼梯

▲ 二层大厅

一楼和二楼的层面，规划了大小不等的会议厅，室内的陈设皆采用法式风格。科学会堂的讲解员带我们来到会议厅内一处残存的彩绘花鸟壁纸前。这幅壁纸在 2012 年修缮时被发现，是建筑营造时绘制。为保存好壁纸，防止受潮和氧化，用画框玻璃加以覆盖。这幅壁纸一下子将我们拉回百余年前，仿佛亲临建筑的营造现场。

拍摄的过程中，一间会议厅内的《上海历史建筑文化与科技周图文展》吸引了我们的镜头。展览不仅讲述了科学会堂前世今生的故事，还详细描述了 2012 年修缮经过。这次修缮不仅复原了一层大厅、室外平台、外门窗形式、室内空间布局等，在不破坏历史风貌的前提下，为适应办公和学术活动，植入现代设备、无障碍设施，规划了展示、接待、会议及办公空间。

在二楼室内长廊的尽头右转，侧面的外墙与整体截然不同。原来，在新中国成立后很长一段时间，科学会堂的外墙被刷上了厚重的米黄色涂料，通过翻阅历史资料证实，原建筑外墙应是鹅卵石墙面，后经过十数次工艺试样及专家现场论证，将卵石取下清洗涂料，按照原工艺重新修复了外墙。而此处的涂料墙面，清晰地对比了复原效果，也留住了建筑某一时段的记忆。在二楼平台上凭栏远眺，满眼郁郁葱葱。建筑前宽阔的大草坪最初与复兴公园连成一片，如今以一道围墙相隔。草坪尽头栽满大树，一块题有“院士之家”的山石嵌在茂密苍翠的树林之中，见证建筑的华丽转身。

实际上，科学会堂是这里 1958 年之后的名字。在那之前，早已有无数发生于此的历史故事，深深地镌刻于这里的每一砖、每一瓦之中。

1904 年旅居上海的法国商人在此创办法国总会，由法国

◀ 题有“院士之家”的山石

建筑师万茨和博尔舍伦主持设计，姚新记营造厂施工承建。1917 年在保留原总会建筑基础上，向西侧扩建，组成了建筑的主体形象。这幢两层楼的别墅内设法式和英式弹子房、酒吧、餐厅、舞厅、击剑室等，楼前有网球场和法式滚木球球场，是法侨们健身、娱乐和交际的重要场所。1926 年法国总会迁至今茂名南路花园饭店，此建筑改建为公董局学校。

信步于一楼外廊，墙上悬挂着一幅幅科学会堂历史性时刻的珍贵照片。20 世纪 50 年代，发展科学技术成为党和国家重要的战略目标。1954 年，科学家任鸿隽向国家提议，将此处改建成科学家的活动场所。经周恩来总理的亲自批示和督办，1956 年上海市第一届市人大决定将此处辟为科技工作者的活动场所，并由上海第一任市长陈毅元帅题字“科学会堂”，当时陈毅已赴中央任国务院副总理，原稿就题写在了国务院总理办公室的公文纸上。1958 年上海市科学技术协会成立，这里成为科学家们的“俱乐部”，杨振宁、李政道、苏步青、李国豪等科技界名流都曾踏足此处，周恩来总理在此接见科学家们。

1963 年在科学会堂召开的上海科学技术工作会议上，周恩来总理首次提出了“科学技术现代化”的宏伟蓝图。此后，科协还举办了“星期日工程师”等活动，给区域经济发展带来了强大动力，影响深远。

拍摄结束，夕阳西下，落日的余晖映在建筑的屋檐，光影流转中越发典雅庄重，屋檐上高嵌的米色时钟仿佛昭示着它看尽的岁月芳华。一座城市的建筑，引领一段风云，映照一个时代的变迁。科学会堂，这座艺术与科学交融的文化殿堂，它的精彩故事还在继续。

林风眠旧居踏访

朱亚夫

▲ 1979 年林风眠在巴黎国立高等美术学院

南昌路两侧高大的法国梧桐树将此路装扮成绿荫凉棚大道，行走其中分外凉爽适意，这是有着上海情调的林荫马路。现代著名画家林风眠旧居就掩映在南昌路53 号的新、老科学会堂中间。

林风眠（1900—1991），广东梅县人，原名凤鸣。早年赴法国勤工俭学，毕业后出任国立北平艺术专科学校（现中央美术学院）校长兼教授，后赴杭州主持筹办国立艺术学院（现中国美术学院）并

▲ 林风眠所画仕女图

任院长。他是 20 世纪中国美术界的一代宗师，被称为中国现代美术先驱。新中国成立后，先后任中国美术家协会上海分会副主席、主席，中国美术家协会顾问等。著有《艺术丛论》《印象派的绘画》《林风眠画集》等。

1951 年，林风眠从杭州来沪，定居南昌路 53 号，在此一住就是 26 年。南昌路 49—55 号四栋楼为二层联体别墅，布局对称，为两幢四户四门；砖木结构，尖顶红瓦，红砖外墙；南面还有一庭院。林风眠为何看中这座透着法式风格的小洋楼？原来南昌路原属法租界，而其妻阿丽丝是法国人，对法式风格的小洋楼情有独钟，据说这幢楼是阿丽丝的法国朋友回国时留给他们的。还有一个原因，1928 年，林风眠个人画展在法租界尚贤坊举办，参观人数“总计万余人，颂信百余封”。之后，他与鲁迅在美丽川菜馆会面，畅谈中国新兴艺术事业。1947 年夏天，林风眠在上海举办个人画展，地址就选在南昌路上的法国公学。为此《申报》刊登了长篇评论文章《林风眠绘画思想蕴藏着文艺复兴》。可以说对这座透着法式风格的小洋楼并不陌生，犹似他的精神故国——法兰西的乡愁。

当年林风眠一家大致居住布局是一楼是客厅和厨房，二楼是卧室和画室，后院还有一个花园，林风眠在后院养了许多花，还种了苦瓜和蔬菜。现在的南昌路 53 号门口有醒目的铭牌：原卢湾区文保单位“林风眠”旧居。那天，我叩开大门，方知原本的房前天井，已装修成一间陈列室，但并不是林风眠资料陈列，而是 THEE 名牌展示。THEE 名牌年轻的女士告诉我，这里居住着三户居民，林风眠的后人不在这里住。我进入室内，进门处右边是一间不大的厨房，底楼光线不亮，楼道内堆着旧家具等杂物，原本是林风眠客厅的房门紧闭。一米来宽的木楼梯，经过近百年的磨砺，踩上去依然坚实。一楼半层的门上贴着一副大红对联，横匾是“好运连连”，门口放着一件快递包；而上二楼的楼梯半腰处装着一扇铁栅，显然旧居已物是人非。通往后院花园的门上挂着一把铜锁，我从科学会堂转到后院，

▲ 林风眠旧居的楼梯

▲ 林风眠旧居

▲ 林风眠旧居后门处的围墙

只见后院围墙上装饰着秀美的图案，高耸的绿树伸头向外张望着。

林家卫生间的“抽水马桶”举世闻名，因为在史无前例的“文革”抄家时，大师用此马桶吞噬了价值上亿的画作，成为世上“最贵的马桶”。

我到林风眠旧居斜对面的一家房产中介问询，这是家专门做老洋房的中介，业主熟门熟路，说像林风眠旧居这样的老洋房，是不可再生的老房子，且地段又好，看起来居住面积不大，七八十平方米，但建筑面积达到一百六七十平方米，现在市场上行情看涨，没 2000 万元拿不下来。

听说记者采访，围过来几个上了年纪的老者，向我介绍了当年林风眠居住于此的情况：林风眠先生日常生活相当简朴，很少西装革履，经常是一件普通的夹克衫，一双黑色北京式平底布鞋；他步履轻快，见了熟人总是笑盈盈的；他作画很勤奋，画室常常半夜还亮着灯光。他很尊重法国夫人的生活习惯，夫人在厨房里烹调的菜肴食品，往往带有法国风味，他吃得津津有味；其实，他喜欢的还是广东梅县家乡的小菜；对清淡可口的上海菜肴也喜爱，有时还进厨房掌勺，烧几个家乡菜或上海菜，以调节饮食。据说，林风眠烧得一手好菜，电影明星王丹凤和丈夫柳和清居所离此不远，柳和清常来林家做客，林风眠悄悄向他透露，烧菜秘诀在于他的独家酱汁：就是酱油加上白糖、生姜，煮沸后冷却。后来，柳和清开了一家素菜馆，用的酱油就是林风眠传授的配方，生意果然红火……

1991 年 8 月，林风眠病逝于香港。2013 年 1 月，林风眠墓地由香港迁移到上海福寿园人文纪念公园。其墓地由一块汉白玉墓碑和一块黑色花岗岩墓志铭构成，旁植翠竹花草，相邻安葬者为老友、广东籍画家关良等。

回望百年尚贤坊

王立华

▲ 尚贤坊弄口场景

淮海路以其百年的商业文化积淀、丰富的历史人文景观、中西合璧的特色建筑，堪比巴黎的香榭丽舍大道。从马当路到淡水路更是这里的黄金地段，淮海中路358弄的尚贤坊就位于此地段，占据了整整一个街面。

建于1921年（另一说是1924年）的尚贤坊，作为新式石库门里弄建筑的代表，1989年被上海市人民政府公布为首批市级优秀历史建筑和市级文物保护单位。尚贤坊由一条主弄堂和三条支弄堂组成，呈丰字形结构，马当路和淡水路均有

▲ 王映霞与郁达夫

支弄堂出口，从地铁 1 号线黄陂南路站 3 号口出处就是位于马当路的支弄堂。

尚贤坊与淮海路上的中环商场门对门，从中环商场向马路对面眺望，都是联排式的三层欧式建筑，底楼是商铺，二楼、三楼是住宅，整个建筑呈巴洛克风格，三楼的顶部竖方尖碑，弓形山墙，墙上有巴洛克线条和花纹饰，主弄堂入口处的上方有竖向石匾“尚贤坊”，门框两边还有西式主柱。

从主弄堂进入，两边均为二层的新式石库门房屋，共有三排，中间有骑楼（过街楼）相连接。每排的两端为“二上二下”的双开间，中间部分则为“一上一下”的单开间。黑漆大门内有天井，落地长木窗的客堂、灶披间；楼上有前后楼，若是双开间的还有前后厢房，灶披间上面是亭子间，每幢楼房都是清一色的清水红砖外墙，墙基上还有水泥护壁，黑漆大门上面雕有精美的欧式花纹，整个弄堂透着典雅精致的气息。

尚贤坊的前身系教会产业“尚贤堂”。1897 年，英国来华的长老会教士李佳白，得到李鸿章、翁同龢及英美公使支持，在北京创立了“尚贤堂”。不久“尚贤堂”在义和团运动中被毁，1903 年李佳白在上海大西路（今金陵西路）、马浪路（今马当路）之间购地 14 亩重建起一幢西式大楼“尚贤堂”，楼南是一片草坪花园，1924 年这片草坪花园出租给房地产开发商世盛公司，建造起融入欧式风格的联排式新式石库门建筑“尚贤坊”。

尚贤坊走过百年的岁月。拂去历史尘

埃，在这座散发着20世纪二三十年代余韵的老弄堂里，留下不少前尘往事。其中，郁达夫与王映霞的恋情故事，成为中国文坛一段佳话，也使得尚贤坊声名鹊起。

1927年1月14日，郁达夫探望住在尚贤坊40号的杭州旧时同窗孙百刚，被与孙百刚夫妇同住在楼内的王映霞深深吸引。王映霞刚满20岁，风姿绰约，雍容华贵，有“杭州第一美女”之称。孙百刚向郁达夫介绍，王是杭州文人王二南的外甥女，受其外祖父所托来上海借住他处。从此，郁达夫三天两头往尚贤坊跑。第一天就请孙夫妇和王映霞同到南京路新雅饭店共进午餐，下午又到黄河路“卡尔登”大戏院（解放后更名为长江剧场）看电影。第二天晚上又单独约王映霞到四马路（今福州路）“泰丰酒馆”吃饭……他写情书给王映霞，苦苦追求，还将追求的过程记载下来，编成《日记九种》出版。

▲ 尚贤坊弄内场景

从1927年春到1928年春的那段时间，弄堂里的居民经常看到郁达夫与王映霞亲昵相拥出入尚贤坊。1928年春，郁达夫与王映霞结为秦晋之好。但这段才子佳人的婚恋佳话，却没有一个完满的结局，出于多种原因两人于1940年离婚。

尚贤坊位于法租界内，这一带的消费档次要比老城厢高，所以能入驻的多为商人、业主、教师、作家、演艺人员，也有小职员；弄内除有钱人家住得较为宽敞外，也有不少七十二家房客。我的一位亲戚是小职员，一家六口就住在第一排由客堂搭建的阁楼上，阁楼高仅 1.7 米，一住就是几十年。那时每每去探望，弄内总是洋溢着浓郁的都市里弄气息：孩子们在狭窄的支弄堂里嬉戏追逐；主妇们在后门旁搭建的水斗内洗衣物；行人来来往往，不时有自行车穿梭而过；灶披间传来锅碗瓢勺交响曲，飘逸出菜肴诱人的香味……

回望百年尚贤坊，由于年代久远，住户增多，房屋结构破坏严重，作为市级优秀历史建筑，目前正在进行大规模修缮复原改造。

我走进 358 弄采访，据工地有关负责人介绍，尚贤坊改造工程已有几年了，作为市级文物保护建筑，我们要尊重历史、修旧如旧，按照档案局保存的原始图纸来做，尽最大可能保护这一片石库门里弄的建筑文化和弄堂的肌理，将尚贤坊打造成融商、文、旅为一体的淮海路新地标。

“百年淮海，人文荟萃，秉持匠心，盛耀开启”，这是张贴在周围的标语。我想，要不了多久，淮海路上又将矗立起一座传承海派文化的“新天地”。

淮海路地铁工程的“逆作法”施工

朱沪生

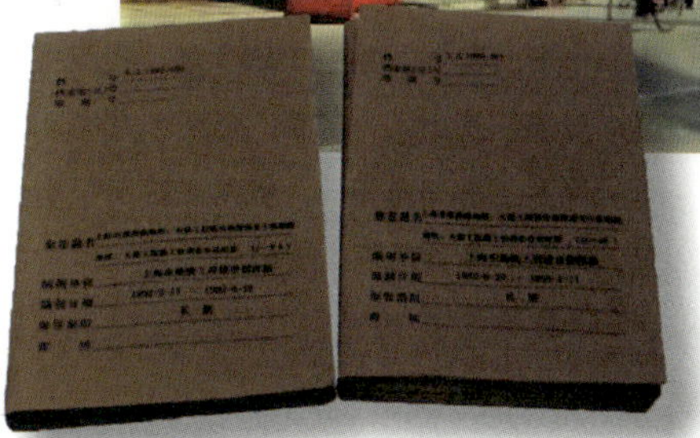

▲ 1993 年春节前后的淮海中路茂名路口。地铁 1 号线陕西南路站点施工初战告捷

◀ 地铁 1 号线淮海路施工历次协调会议纪要

1991年，上海地铁1号线工程推进到淮海路段。作为当时的卢湾区主要商业地块，淮海路也是上海市对外展示商品形象的“窗口”，如果按当初的设计方案，淮海路将要封路两年，此事引起了上海市政府主要领导的高度重视，提出“只能暂封一年完成工程”的目标。

根据当时的设计情况，用一年的时间是很难实施的，于是在广大科技人员跟有关部门的共同商量之下，提出了采用“逆作法”施工的设计理念，即由常规的由下而上大开挖的施工方法，改为由上而下的盖挖逆作施工法，但采用此方案要增加5000万工程投资，最终方案得到了市主要领导的首肯与批准，并为此项目成立了淮海路地铁与道路大修工程建设指挥部，当时我任该指挥部主持日常工作的副指挥，具体负责协调工程的推进。

1992年春节刚过，由时任上海市副市长倪天增同志主持的工程动员大会在社会科学院召开。随着市领导的“开工”一声令下，为“逆作法”施工的数台打桩机在淮海路的三个车站——常熟路站、陕西南路站和黄陂南路站同时开工。霎时轰鸣声震耳欲聋，场面甚是壮观。现在回想上海地铁1号线淮海路工程施工过程，一方面得到了当地居民的支持，尤其令我感动的是我们委托街道工作人员挨家挨户在玻璃窗上粘贴米字防震条时，居民不但没有指责，反而热情地积极配合，我们及时更换震碎的玻璃，居民也很谅解，未有半点抱怨；另一方面，对沿线的商业改造起到了极大的推进作用，记得当时淮海路沿街的店铺都属于百年老店，但是设施相对比较陈旧简易，如第二百货商店、永安百货商店、上海食品店、老大昌食品店等一系列品牌商店，都在淮海路工程中被拆迁移平，面貌焕然一新，华丽转身为如今的巴黎春天、太平洋百货商店等。整个淮海路地铁工程建成不易，它是政府部门与广大工程技术人员共同的智慧结晶，也是中国“逆作法”施工在地铁上的首创。

▼ 1995 年，双层公共汽车线路行驶在淮海中路上

▼ 地铁 1 号线常熟路站“逆作法”施工情景

▲ 地铁 1 号线施工 2 号盾构组装现场

▲ 1992 年 3 月，上海繁华商业大街之一的淮海中路地铁地下连续墙开始施工

小贴士

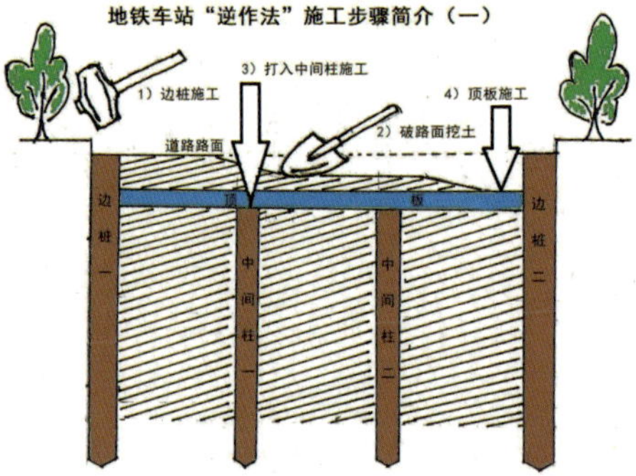

▲ 地铁车站“逆作法”施工步骤简介之一

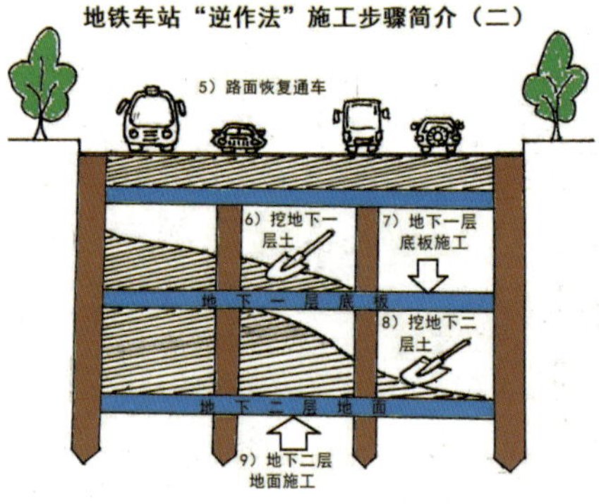

▲ 地铁车站“逆作法”施工步骤简介之二

“逆作法”工艺原理

“逆作法”是相对于建筑物传统的施工顺序而言的。传统的多层地下室施工，一般是先用支护结构围护后垂直开挖基坑，直至挖到设计标高后，采用钢筋混凝土浇筑底板，然后再逐层向上施工基坑开挖所需的支护，最后才进行地上结构施工。而“逆作法”施工是先沿建筑物四周浇筑地下连续墙混凝土，为了在施工期间于底板封底之前的上部结构自重承受和施工荷载的支撑，浇筑或打下中间支承柱，然后继续向下逐层开挖土方和浇筑各层地下结构，直至底板封底。与此同时，可自上而下进行上部结构的施工。简而言之，“逆作法”施工是一种以地面为起始点，向上、向下同时进行施工，直至工程完工的新的施工方法。

这里有个"博爱园"

苏秉公

大家记得北京 2008 年举办奥运会，上海 2010 年举办世博会，举世瞩目，遗产丰厚。然而，上海 2007 年还有一件引起世界关注的大事——成功举办 2007 年上海世界特殊奥林匹克运动会。虽然此事在人们的记忆中逐渐淡忘，但是它的社会公益性质、组织运作方式、资金筹措体制等均为奥运会、世博会的举办提供了一些很好的经验。更为重要的是通过这次特奥会，我国社会各方面对智障人士的生活有了更多的了解，逐步形成关心、爱护残障人士的良好风气。由于这是一项公益活动，各界参与热情高涨，对以后的慈善事业和志愿者等工作的发展起了积极的推动作用。

为了弘扬特奥精神、感谢上海各界的积极参与，国际特殊奥林匹克委员会等机构在老成都南路、巨鹿路、长乐路范围的延中绿地建立了一座纪念雕塑，标志着"平等、包容、接受"和"你行，我也行"等特奥理念将永久留在上海市民的心中。

园方配合雕塑的设置，在绿地流水亭的石墙上刻上了孙中山先生"博爱"的题词，点出了该园人文主题。由于上海是具

◤ 上海2007年世界夏季特殊奥林匹克运动会纪念雕塑
◥ 国际红十字会创始人亨利·杜南铜像
▲ 博爱园流水亭后壁刻有孙中山先生题写的“博爱”二字

有100多年历史的中国红十字会的创建地，上海市红十字会在园内建立了国际红十字会创始人亨利·杜南的纪念雕塑，以弘扬国际红十字会“人道、公正、中立、独立、志愿服务、统一、普遍”的基本原则。2009年5月1日，上海市慈善基金会、上海市红十字会、上海市老年基金会、上海市残疾人联合会、上海市志愿者协会、上海市青年联合会和卢湾区人民政府在此勒石命名此园为“博爱园”。之后，在此地经常有各类公益纪念、慈善捐赠等活动举行。

延中绿地从园林设计角度讲本身就有其特有的设计文化内涵。它是由上海园林设计院和加拿大蒙特利尔设计的。雕塑所在区域被称为感觉园，它以人的五种感觉为依据设计了嗅觉园、触觉园、视觉园、听觉园和味觉园。它已成为同济大学教师组织学生进行园林学习考察的一个场所。如今又巧妙地赋予了人文的内容，使得这片绿地更加耐人寻味，在欣赏园林艺术的同时，更能感受到上海人爱的心灵。

小贴士

▲ 上海“申”字形高架网络的中心——龙柱

1993 年下半年，成都路高架（南北高架）项目开始动工建设，其与延安路高架交会处是上海“申”字形高架网络的中心。这里的立柱上方要支撑起两条高架，共四层路面。和其他柱子不同的是，这根立柱特别粗壮，柱子通身包裹不锈钢和铜制的龙纹雕塑，金光灿灿，十分耀眼，这就是上海赫赫有名的“九龙柱”。这根龙柱实实在在地记载了上海工人在现代化建设中付出的辛劳，也体现着人们对美好生活的热切向往。

我的石库门情愫

薛鲁光

▲ 霞飞坊石库门雪景

年幼时，我家住在卢湾区的公寓式住房陕南邨。我对上海大大小小的建筑的印象就是八个字：门类繁多、等级森严。有大楼式、公寓式和新式里弄式，还有亭子间式的简陋房子。而石库门，既有老式房子的小巧玲珑，又兼有欧式建筑的大气典雅，在大大小小的房子面前别具一格、独领风骚。

20 世纪 60 年代，我横跨两条马路来

◀ 步高里石库门插图

▲ 步高里石库门外景

到向明中学读书，同学们三五成群在一起聊得最多的是住房。班上一位祝姓的女生，就住在建国路和陕西路交界口的“步高里”。有一天，班主任让我通知小祝到校开会，我按图索骥来到步高里。步高里确实很漂亮：弄口有中国传统式牌楼，“步高里”三个中文字和法文标注镶嵌在门楣正中，雕花的窗户，漂亮的屋顶，展现法式建筑特有的魅力。大门采用两扇实心黑漆木门，以木轴开转，配有门环，叩响门环会迸发出清脆的撞击声，在古老的弄堂里回响，门楣上有条石装饰，“石库门”因此得名。

进门是一个横长的天井，两侧是左右厢房，正对面是长窗落地的客堂间。客堂宽约 4 米，深约 6 米，为会客、宴请之处。客堂两侧为次间，后面有通往二层楼的木扶梯，再往后是后天井，其进深仅及前天井的一半，有水井一口。后天井后面为单层斜坡的附屋，一般做厨房、杂屋和储藏室。整座住宅前后各有出入口，前立面由天井围墙、厢房山墙组成，为砖木结构的

▲ 和合坊石库门内景

二层楼房，坡形屋顶有老虎窗，红砖外墙。小祝颇为家住步高里而自豪。

工作后，一次邀同学去班主任顾老师家串门，她家住在永年路一幢典型的石库门民居里。我问顾老师，住石库门的感觉如何？她说，习惯了，蛮好的。天井围墙可养花种草，储藏室可堆杂物，住房高度近 4 米，炎夏不感觉闷热。但这种建筑密封性较差，经常有蜈蚣、蜘蛛等小虫光顾；还有卫生间要几家合用，厨房烹调在楼上，端上端下不太方便。看来，外观森严的石库门，已不太适合现代人居住，需要改造一番了。

当上中学教师后，探究石库门的民居风格，成了我进行教改的一大乐趣。我设计并立项了“石库门民居及中西合璧风格的探究”课题后，便带着学生深入石库门建筑比较集中的永年路一带实地考察，在居委会干部带领下，学生深入居民住房，实地听介绍、拍视频，并拍摄了大量反映石库门面貌的照片，有的男生还用纸板制作了石库门建筑的立体模型。做了这些准备后，我开了一节有关石库门研究的区公开课，课题也顺利结题。学校对我热衷于探讨民居的精神给予了肯定。这对下一代了解上海这座城市元素可谓善莫大焉。

“躲进小楼成一统，管他冬夏与春秋。” 石库门最大的特点是中西合璧、闹中取静。如今，上海已注意保存老建筑，一些具有海派特色的石库门里弄被作为近代优秀建筑整组加以保存。每当妩媚的晚霞沐浴着石库门门楣，梧桐、刺槐散发阵阵馨香，路人徜徉于此，无不惬意悠闲。

▼ 成片的石库门是黄浦区海派文化的深厚积淀

文脉馨香

有人说，新中国第一项世界体育纪录在淮海路街区诞生，这里的体育、教育、文化和艺术等资源禀赋丰厚，犹似镶嵌在大街小巷的一颗颗璀璨的珍珠，漫步其间领略和畅享富有馨香魅力的时空，不乏意外的惊喜……

当了回业余导游

苏秉公

2008年春节，我的表姐带了我姨妈、她的亲家等10人从香港来上海过年。大年初二那天我就当了一回业余导游。难得步行街头的我被上海大街小巷的景色深深感染，正如香港亲戚们所说：“上海太美了！”

连日的大雪在路边的树丛里、屋顶上留下了一堆堆、一片片银白色的积雪，天空虽已放晴，阳光灿烂，但仍有丝丝的寒意。我陪他们去豫园领略了中国的年味之后，乘出租车来到一大会址前，开始了步行之旅。

在中国共产党的诞生地照相留念后，我领他们来到太平桥绿地，向他们介绍了周边的新建筑、绿地建设的情况以及每年都会举办的“新年倒计时”等文化活动。然后到壹号会所观看太平桥地区改造的规划模型。在整个规划中，全国重点文物保护单位——中共一大会址处于核心位置，正是为了会址的保护，才形成对石库门街坊保护性开发的思路。“一”和“大”合起来就是“天”，“新天地”的雅号就是由此而来的，并形成了“昨天、明天，相会在今天”的开发理念。走出壹号会所，漫步“新天地”街巷之中，不同肤色的男女擦肩而过；各国风情的酒吧都挂上了红红的灯笼和中国结，别有一番风味。接着参观了石库门博物馆——“屋里厢”，体验了20世纪30年代上海市民在石库门里的生活形态。客人们高度赞赏了我的评价：“新天地”是一个“老年人感到很怀旧有，年轻人感到很时尚，中国人感到很外国，外国人感到很中国”的地方。

中午，坐在南里“一茶一座”餐厅，吃饱饭喝着茶，聊着天，还能闭目养养神。精神倍增以后，沿着路幅不宽的自忠路往重庆路方向走，右边是上海价格最高的最现代化的商品房小区——“华府天地”；左边是典型的石库门街坊，沿街开出了许多时尚小店。左右对比，上海这座城市的变化自在不言之中了。

过了重庆路便是区政府的大楼，穿过一片绿化地，来到有讲不完故事的南昌路。同样是不宽的路面，行道树是高大、粗壮、具有上海中心城区特色的法国梧桐。每次经过这里我都会兴奋得滔滔不绝：这是1930年中国共产党为保护和抚育烈士遗孤和领导人子女而创设的大同幼稚园；这是建于1917年的法国古典式建筑，现为陈毅同志题字的“科学会堂”；这里是黄炎培先生创立的已有90多年历史的中华职业教育社；这里曾是中国国民党上海执行部，它是第一次国共合作的产物；还有陈独秀创办的《新青年》杂志编辑部旧址；等等。短短200来米路，我是越说越来劲。

向南转入了思南路，依然是梧桐树，依然是十几米宽的路面。据考证，1914年整个法租界辟筑道路时就规定了这样的路宽，它给人一种亲切感。现在上海有近百条特色道路的宽度与老建筑一样也被列入了历史风貌保护的范畴，规定不能随意拓宽和改建。政府能如此细致地考虑城市规划真是难能可贵。在繁华的淮海路旁如此安谧的思南路上一路走去，欣赏着两旁各色的洋房、西式的庭院和各种风格的围墙，处处显现着一种异域的情调；更有意义的是孙中山、周恩来、张学良、梅兰芳等历史名人曾在这里生活、工作过，大家对这条路从心底里产生了敬仰。客人们对有关部门在优秀建筑和名人故居做的铭牌给予“很有品位”的高度赞赏。在皋兰路口，大家看到了一栋很具特色的圆顶建筑，它原来是东正教的教堂，于是，当年上海如何接纳了白俄，他们在淮海路繁荣过程中所起的作用等，又成为我这个“导游”的话题了。

太阳躲进了云层，空气中增加了寒意。我请他们进入中山故居看些文物，十几个人居然花了个把小时跟着解说员从头听到底；更难得的是那些小辈居然也听得津津有味。年长的亲戚对我说：“让他们多听听好，香港的青年要多了解些祖国的近代史。”我深有所悟。从中山故居出来，我们从皋兰路大门进了复兴公园。这是上海唯一的一座法式公园。从1909年7月建成至今已有近百年历史了。表姐的亲家是香港爱护树木协会的主席。他对保留完好的沉床花坛、玫瑰园、大草坪等法式公园特征赞不绝口。对复兴公园，我自然有很多话好讲：公园的历史和文化特色、近些年来的修整情况、环龙纪念碑的故事、公园里的特色酒吧等。当然，园林上的特点我可不敢在关公面前耍大刀了。

不知不觉出了公园北门，街角有一家 1937 年开业的洁尔精川菜馆，据说它是锦江饭店创始人董竹君女士开办的，经常集聚一些上海“老克勒”，饭馆的老板会有很多故事对你讲。接着便踏上了铺着石子的雁荡路步行街，两边是近代欧洲风格的建筑。不太长的一条路静静的，商店不很张扬，和高雅时尚的淮海路相比一点也不失其优雅的风度，犹如住在深闺里的少女，腼腆而又美丽。这里经常举办一些外国的节庆活动，如法国节、爱尔兰节、德国节等，销售各种外来的产品。每每都会吸引很多年轻人，所以，在这里总能感受到一种青春的活力。不知是春节的缘故还是实施了市容管理网格化的原因，今天一路走来，地面干干净净，几乎没有一点垃圾。来到雁荡路口就是始建于 1956 年的上海妇女用品商店了，像这样几十年老品牌的商店淮海路上有很多，如沧浪亭、红房子西菜社、长春食品店、古今内衣等。我真想带他们一一走走。无奈冬天日短，为赶既定的行程，喊了几辆出租，一干人马直往浦东而去。

在滨江大道上看看浦西“万国建筑博览馆”的老建筑，再看看浦东改革开放以后耸立起来的摩天高楼，虽然已近黄昏天气又冷了一些，心里还是暖暖的：“上海，真是太美了，太嗲了！”

我这个业余导游一天的任务也算圆满完成了。

嵩山路上的现代家庭杂志社

孙小琪

▲ 上海嵩山路 101 弄现代家庭杂志社旧址

嵩山路 101 弄 7 号，曾是现代家庭杂志社几十年的社址。我在那里度过了此生难以忘怀的岁月。

嵩山路不长，距繁华高档的淮海路咫尺之遥。101 弄是条短短的小弄堂，杂志社在弄堂的尽头，是一幢独立的小楼。1983 年我从复旦大学调到上海市妇联，杂志社在长乐路市妇联机关的一个屋顶加层里办公，环境逼仄。经过市里和妇联领导的努力，买下了嵩山路 101 弄 7 号。

1984年我们搬进去时是三层，300多平方米。原是住家，砖木结构，天井，阳台，套房，每层楼有卫生间。几十年的房龄，钢窗已关不严，木楼梯踩上去咯吱咯吱响。但是因为突然有了那么多房间，大家还是欣喜万分的。小楼紧挨着淮海公园，从楼上窗户里可以看见公园的长凳绿树，晚上值班，有时会听见墙角传出情侣间的低语。

《现代家庭》的筹备创刊和搬进小楼几乎是同步的，当时编辑部人手少，时间紧，大家忘我投入，常常是一领草席在地板上过夜。1984年的上海，新时代的曙光初现，建树新的事业，创造新的生活的热情每时每刻都在鼓舞着我和我的团队。多少年来，人们只谈生产只谈阶级斗争，不谈生活不谈情感心灵，造成对自己天天生活其中的家庭疏淡或轻慢。家庭婚姻是一个在人类文化建设中与每一个人都息息相关的重大命题，改革开放，解放思想，《现代家庭》在允许说、可以说的环境中问世，具备了可能成功的重要因素。这本杂志从问世以来便保持生气勃勃，持续了可观的社会效益和经济效益，获得诸多奖项。其中，“上海市1988年十佳期刊”的评选，当时获奖的《现代家庭》仅创刊四年，而同次获奖的《小朋友》画刊则已年逾花甲，一时传为佳话。《现代家庭》后被认定为上海市著名商标。

▲《现代家庭》创刊号封面（1985年1月）

▲ 孙小琪（右）与谢希德校长在上海妇女儿童服务中心成立大会后合影（1984 年）

期刊的编辑出版，更多的是日复一日琐琐碎碎的劳作，选题、采访、撰写、编辑、去印刷厂、联系邮局、扩大发行……鼎盛时期，作为编辑工作的延伸，杂志社曾举办过老年婚姻咨询、性知识咨询等开风气之先的活动。从各处赶来的有需求的读者，想找到杂志社往往要费点周折。101 弄的弄堂口，有一个颇有体积的垃圾房，还有一个公共厕所，进弄堂后即右拐，造访者便犹疑，觉得走错了。我们也只好大声报出标志性建筑，告知来者走到底就到了。就这样，几十年来，我们不仅在这里接待过五湖四海的同行朋友，还接待过五洲四海的宾客。那些镌刻在历史中的记忆，都和这幢小楼同在。

随着城市建设的日新月异，小楼周围一次次矗立起打桩机、脚手架，一幢幢浸润着现代气息的几十层高的大厦竖起来了。香港广场、瑞安广场、丽景苑、经纬公寓，团团把我们围住，傲然而森严地俯视着我们。那时，淮海公园已拆掉了围墙，紧挨着我们的地方却建了个酒家，日日把多余的油烟向我们喷洒。好几次，地动山摇的打桩声使小楼震颤，令人担心墙壁会不会裂开，小楼会不会倾斜。加班的晚上，外面工地上亮如白昼的灯光通宵达旦，打桩机轰响，巨大的装载混凝土罐的卡车，一次次在附近的柏油马路上重重地碾过，使我们这小弄堂里的水泥小路抖颤起来，像电影里的战争场景……

几年以后，一切就绪，新天地近在眼前，嵩山路附近这一带，成了上海最具国际大都市模样的高档商务区。杂志社恢复平静，偏安一隅，继续编着杂志，经受着互联网冲击下的风雨飘摇。嵩山路 101 弄的弄堂口挂出“萝邨”两字，表示着这里曾有过的雅致。弄堂口的垃圾房和公共厕所撤了，建起新的时尚小店。直到前两年，在这里最后被夷为平地的时候，杂志社要从待了 30 多年的嵩山路处搬走，几位远去国外定居多年的老同事，隔着大洋听说了，就想要几张办公室的照片，留个念想。我拿着手机，在每一个房间停留、拍摄。大办公室已空空如也，留下一些碎纸杂志。想起当年扎着羊角辫，在光滑的地板上学跳迪斯科。那时做事，不为赶时髦，想要从封闭中走出来的愿望更多些。那是个多么令人怀想的时代啊！

▲ 部分编辑部成员在现代家庭—为了孩子杂志社门口合影

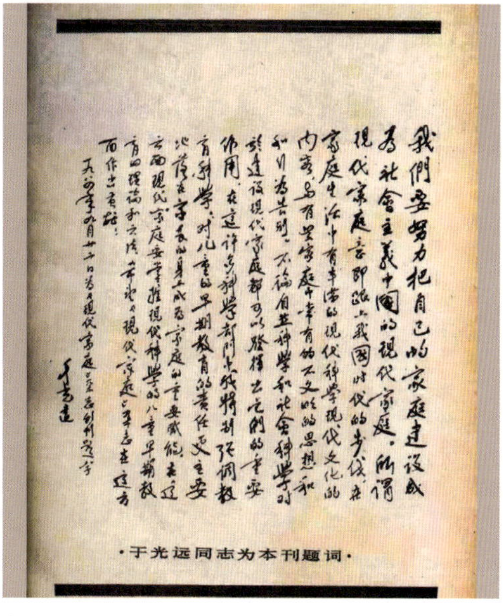

▲ 于光远题词

《卖报歌》，吕班路口第一声

陆林森

▲ 当年卖报的"小毛头"

淮海中路、重庆南路口是我常常路过的地方。每次经过那里，我的思绪总是会飞向 20 世纪 30 年代。这里，曾经有个卖报女童，她就是"小毛头"，《卖报歌》在这里唱出第一声，然后飞向上海大街小巷，渐渐为人熟知。

我因写作《聂耳在上海的最后五年》，追踪聂耳在淮海路留下的足迹，淮海中路、重庆南路也是我多次去的地方。站在路口，耳边响起《卖报歌》，一个已然远去的故事，在历史的涛声中浮出了水面。

1933 年，聂耳在联华影片公司第一分厂从事音乐制作，有一天和同事去吕班路体育场打球，回来路过吕班路、霞飞（今淮海中路、重庆南路）路口，听见有个孩子在哭，循声找去，见路口有个小女孩，年纪八九岁，坐在地上大哭不止。这是个卖报女童，她家报摊就在这里。这天，小女孩在电车站旁走动卖报。一辆有轨电车进站停下，从车上跳下的乘客将她撞翻在地，小女孩头上起了血疱，报纸散落一地。聂耳扶起小女孩，捡起报纸，关心地问："为什么要到车站这儿卖报？"小女孩说："这里人多，可以多卖点报，家里太穷了，靠卖报生活。"说着，她向聂耳哭诉开了。

小女孩生在苏州，父亲患病去世后，母亲带着一家人来上海谋生，住在闸北，"一·二八"日寇投炸弹，闸北一片火海，一家人逃离闸北，住到"八仙桥"，后来搬到吕班路顾家弄（今重庆南路26弄）。母亲在吕班路、霞飞路口（今上海妇女用品商店东边）摆了个报摊，小女孩跟着母亲卖报。

聂耳问小女孩叫什么名字，小女孩说，上不起学，没有名字，只知道自己姓杨，报摊附近的人，都叫她卖报"小毛头"。

聂耳十分同情"小毛头"一家人的遭遇，将捡起的报纸全部买下。他想帮助"小毛头"，可怎么帮助呢？自己就那么一点月薪，只够维持生活呀！突然，他有了主意：给"小毛头"写首歌！让她一边唱，一边卖报，这样，生意也许会好一点。他立即去找安娥商量。

▲ 当年影片中贫苦大众生活状态的一幕

安娥是田汉夫人，也是一位诗人兼剧作家。1929年，安娥从苏联回国，成为中共隐蔽战线上的谍报人员，有"红色女郎"之称。她在上海中共中央特科从事情报工作，后打进国民党内部，担任中国国民党组织部调查科驻上海中央特派员杨登瀛的秘书，将所获情报直接交给陈赓。安娥听了聂耳的想法，觉得不错，一口答应。很快，她就将歌词交给了聂耳。

聂耳也以很快的速度谱了曲，来到吕班、路霞飞路口，唱给“小毛头”听：“啦啦啦！啦啦啦 / 我是卖报的小行家 / 不等天明去等派报 / 一面走，一面叫 / 今天的新闻真正好 / 七个铜板就买两份报……”“小毛头”跟着聂耳唱了起来。过路人感到新鲜，卖报还唱歌？于是，大家停下脚步，听聂耳和“小毛头”唱《卖报歌》，顺便买一份报纸。果然，卖报的生意比以前好了很多。

《卖报歌》，吕班路、霞飞路口第一声！歌声开始传遍大街小巷，孩子会唱，成年人也会唱。聂耳和“小毛头”成了忘年交。他经常来报摊，和“小毛头”一起卖报，一起唱《卖报歌》。

《卖报歌》使“小毛头”扬名上海滩，人生轨迹发生了改变。1934 年 5 月，聂耳与田汉合作完成的中国第一部新歌剧即将上演，经聂耳推荐，“小毛头”走上舞台，唱起了《卖报歌》，这为她后来的电影生涯打下了基础。她由配角到主角，参与了《青春》《慈母泪》《秋海棠》等很多部影片拍摄，成为上海滩一位当红女影星。1944 年中华文化出版公司出版《一百位男女明星》，“小毛头”排序第 41 名。明星影业公司拍摄的《马路天使》，是中国电影史上的一部杰作，拍摄于 1937 年，导演袁牧之约请“小毛头”饰演影片中的“小红”，因“小毛头”没有情爱生活的体验，袁牧之只得另外寻找“小红”。一个日后成为上海滩大红大紫的女孩，进入了他的视线。她，就是周小红，也就是黎锦晖为之改名的周璇。一试镜头，果然不错，决定起用周璇，16 岁的周璇因此一炮而红。

“小毛头”的学名叫杨碧君，这是谁为她起的？几十年后，谜底揭开了。媒体记者在上海一个工人新村找到“小毛头”。此时，她已经是 80 多岁的耄耋老人了。说起《卖报歌》，一头白发的老人眼圈红了。

当年，一位姓张的陌生叔叔来找“小毛头”，说自己是个电影迷，喜欢看“小毛头”演的影片。听说“小毛头”没有上过学，愿意提供学费送她去学校。在张叔叔的帮助下，“小毛头”终于有了读书的机会，也有了张叔叔给她起的学名：杨碧君。从此，“小毛头”再没有见到过张叔叔。直到改革开放后，她才了解到，张叔叔原来是一名中共党员，真名叫张光锐，是地下党组织要培养她，才派遣张光锐来找她的。

我熟悉《卖报歌》，读书时也常常唱《卖报歌》。如今，“小毛头”的故事虽然远去，但我站在淮海中路、重庆南路口，这首熟悉的歌，又响起在我的耳边。

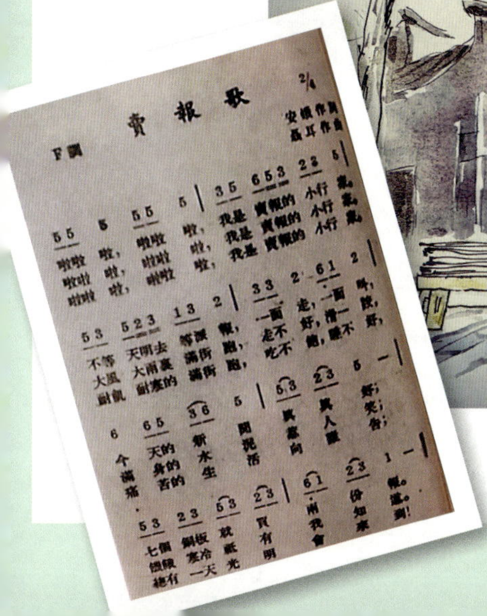

▲ 吕班路口的《卖报歌》插图
◀ 《卖报歌》歌谱

国泰电影院，90年后再出发

陈茂生

▲ 建于 1930 年的国泰大戏院

“十一日，微雪。上午得马子华信并《他的子民们》一本。晚同广平携海婴往国泰大戏院观《仲夏夜之梦》，至则已满坐，遂回寓，饭后复往，始得观。”此是鲁迅先生 1935 年 12 月 11 日的日记。

《仲夏夜之梦》是根据莎士比亚同名戏剧改编的电影，“国泰大戏院”就是现在淮海中路 870 号的“国泰电影院”。从山阴路大陆新村到国泰大戏院有点距离，鲁迅一家三口特意前往，因当场票售罄便购下一场票，回家吃罢晚饭再次赶去。想必不仅为看刚上映的影片，而且还为体验一番设施先进、陈设豪华的观影感受。

1932 年 1 月 1 日元旦，注册为美商由英国人白脱勒管理，名为“CATHAY THEATRE”影剧院正式对外营业，并在《申报》刊登广告：“富丽宏壮执上海电影院之牛耳，精致舒适集现代科学化之大成。”这个坊间称为“国泰大戏院”的建筑，最早由“影业大王”英籍广东人卢根投资 15 万元法币所建，鸿达洋行设计，经数年施工，钢筋混凝土结构和紫绛红泰山砖外墙白色嵌缝，与周围建筑风格迥然不同；内部采用当时最先进的设备如银幕构造独特，无论哪个角度观看画面都不会变形，更有极稀罕的冷暖空调。抗战胜利后“复业”时每个座位还配备了“译意风”，让不谙英语的观众能同步听到中文；领票员是俄侨姑娘，门口有警卫值勤，内部均以英文标注，专映进口英美原版影片，令崇尚时尚的上海人蜂拥而至。

国泰大戏院占地 1559 平方米，建筑面积 2156 平方米，内分三层。主立面设置在淮海中路（原霞飞路）与茂名南路（原迈尔西爱路）转角处，大门上方有狭长垂直凸面镶嵌“CATHAY THEATRE”字样并逐渐向上、向中收缩显得简洁明快。建筑沿两条道路做直角对称布置；大门上方向外大幅悬挑的玻璃雨篷遮覆了大半的人行道，风雨天尤其方便观众与路人，更是独树一帜的建筑标志。大厅里有两尊精美的维纳斯雕像，放映大厅狭长而高敞，观众由左右两道圆弧形扶梯分别上下，两边舞台柱灯与穹顶上左右排列的众多顶灯交相辉映。墙上古典浮雕图案，过道敷设软厚织花地毯，透出雍容华贵让观众有置身古希腊或罗

马艺术殿堂的感觉。

20 世纪二三十年代，各式建筑在淮海中路两侧建成。与国泰大戏院相距不远的陕南村（原皇家花园）、长乐村（原凡尔登花园）、南昌大楼（原阿斯屈来特公寓）、锦江北楼（原华懋公寓）等聚居大量欧美俄侨民及最早的白领群体。凭借高档建筑与陈设，高端影片资源，所以票价不菲。1937 年抗战爆发后租界“孤岛”时期，国泰大戏院增设放映场次，并与其他影业联手成功抵制美商垄断片租和低片租账率，获得相当发展。1941 年 12 月，侵华日军接管国泰，直到 1946 年 1 月 26 日复业。1949 年 5 月 27 日的《申报》刊发照片：国泰大戏院门口悬挂“客满”字样牌子，反映了尽管沪北还有激战，但已经解放的上海南部市区秩序井然。1950 年正式确定中文院名“国泰电影院”，1994 年被上海市人民政府命名为“优秀历史建筑”。

由于位置极佳、交通便捷、设施先进，国泰电影院始终是市民休闲娱乐、约会碰头的首选之处，很多名人亦与之交集，也有轰动的社会事件与这里有关。

从国泰电影院步行两公里左右，便是著名女作家张爱玲曾居住的“常德公寓”。张爱玲当年经常光顾这里并留下深刻印象，在《心经》《多少恨》《不了情》等作品里多处留下“国泰”的印记。著名电影表演艺术家秦怡幼年时到这里看电影《一曲难忘》和《翠堤春晓》。而上年纪的“老上海”会记得 20 世纪 50 年代，这里有一条陈列赵丹、上官云珠、秦怡等电影明星照片的廊道。

2003 年上半年，国泰电影院全面修缮后，外表修旧如旧，放映设备更先进，放映厅设置更舒适。现有呈三个阶梯式电影放映厅，安装全套先进数码环绕立体声音响设备，走廊有小藤圆桌椅供观众休息。经历新冠疫情考验后，开业 90 年的国泰电影院，如今又开始迎接八方观众。

如在一个空闲的下午，到国泰电影院看部电影，再步行去常德公寓喝一杯咖啡，基本能够领略经典老上海风情了。

比乐中学水彩画

我和“比乐”

罗立新

华灯初上，淮海路、淡水路口红灯亮起，我在车里侧头看着那栋红砖镶砌的裙楼，熟悉而又陌生。黑色的“中环广场”几个大字在金色的暖光下十分醒目，广场正门旁边大理石铭牌上刻着些文字，看不清，可我却清楚地知道上面写着：“黄海中路 375 号，1958 年上海市比乐中学迁入，为其旧址……”

阳光明媚的午后，特地来这里看一看，外墙还是那么显眼的红色。这里曾是我的母校，也是我工作过十多年的地方——上海市比乐中学。走进那扇熟悉的大门，里

▲ 本文作者参加高三学生成人仪式，为学生拨穗

面已然都是现代化的商业设施，我闭上眼默默沉思，如电影回放，似时光倒流。走廊尽头的礼堂上挂着“比乐堂”的牌匾，听老校长们说“比乐”的校名便是取自爱国教育家马相伯先生所题名的“比乐堂”。

求学时常常在想“比乐”是“比着快乐”的意思吗，这样的想法伴随着青少年时期的我，在比乐的学习、生活的确是快乐的，更甚者让我萌发了成为一名教师的职业理想。感谢刘冀生校长在我 1985 年高中毕业时给了我留校的机会，圆了我的教师梦，至此，比乐成了我职业生涯的起点，也让我真正开始了解这所学校。

1946 年，在中华职教社办公大楼的四层，黄炎培、孙起孟等五位先生共同创办了“一所特殊性的中学校”——上海市比乐中学。相伯老人提名的“比乐”一词典出多源。在《易经》《礼记》和《文心雕龙》中，它有着快乐、吉祥、比较、协调等多重含义；《礼记 · 乐记》则贯通了“快乐”之“乐”（lè）与“音乐”之“乐”（yuè）的内在联系。音乐要五音（宫、商、角、徵、羽）和谐，才能演奏出高水平高质量的乐曲，使人快乐。作为教育，则应五育并重，使学生在德、智、体、美、劳各方面和谐发展，才能培养出英才。先贤们用“比乐”两字作为校名，就是希望学校要做到“五育并重，乐育英才”。

走出中环广场，沿着马当路、太仓路步行 10 分钟，高楼耸立的商业圈里有几块正在施工的场地，一栋 L 字形的五层楼房静静地矗立着，它背对着我，已不再是原来生动的样子，若非作为“不可移动文物”，现在也许是已经不见踪影了吧。1995 年，为建设中环广场，比乐中学迁址崇德路 43 号，之后我也因为工作调动离开了母校。

在辗转区内四所中学担任校级领导 10 年后，2007 年以党支部书记、校长的身份再次回到比乐，感慨万千。比乐是我成长的沃土，我以为，对比乐历史最好的传承就是让学校在新的阶段有更好的发展。面对已有的工作基础和区域实现教育现代化的要求，学校确立了“比优乐学、自主发展”的办学理念和“积极主动、乐群向上”的培养目标，经过十多年的教育实践，学校的发展得到了社会各界的肯定，比乐的学生自觉主动、乐群向上，更加自信地踏上新的征程；比乐的教师敬业爱生、追求高尚，师德水平和专业能力不断提升。我想，这是对先贤们办学理念最好的诠释。

2018 年，黄浦区教育资源整合，比乐中学与李惠利中学合并，迁入肇周路 420 号，在 70 多年的办学历程中，学校虽历经播迁，却始终弦歌不绝。从 1989 年成为上海市 23 所高中课程教材整体试验学校之一，1999 年成为上海市中小学课程教材改革研究基地，到 2010 年成为教育部首批“普通高级中学特色学校建设”100 所项目学校之一，如今，在上海中高考改革和普通高中新课程新教材实施号角次第吹响的时刻，比乐人再一次走在了前列。

▼ 比乐中学原来的校门

▲ 比乐学子校内体育活动

▲ 在88岁沈澄梁老先生的讲述中追忆属于比乐学子的红色记忆

翻过浩浩的历史长页，比乐经历了多少风雨沧桑，依然熠熠生辉。没有最悠久的历史，没有最广阔的校园，但每一个比乐人心中的那个“比乐”，不仅仅是一个名字，更是一种情怀。

外墙仍是那红砖亮眼，操场中仍有那棵比乐树在生发嫩芽。“比乐，比乐，我们有理想在憧憬着，太阳般热是我们的心，钢铁般坚是我们的身，水乳般可和不可分……”操场上飘荡起校歌，我轻轻哼唱。比乐人的心如朝阳般炙热，比乐人的理想似绿叶般风雨不屈不挠，勇敢生长。

我和比乐的不解之缘是这一辈子的财富，母校培养了我，比乐成就了我！新时代，比乐正以前所未有的步伐前进，同样一代代的比乐人从这里走出去，奋斗在不同岗位上，肩负起时代责任和历史使命，他们不一定光辉耀眼，然聚沙成塔，积水成渊，每一个比乐人都是比乐真正的华诞，真正的历史！

90 岁的兰心大戏院与 96 岁的爷爷

王世逸

两年前作为给爷爷陈沅 94 岁生日的礼物，我为爷爷做了一本回忆录，其中有一章节是关于爷爷的兴趣爱好，自称“没落小开”的爷爷绝不会错过那时流行的“舶来品”，古典音乐就是其中之一。

爷爷如何接触到并喜欢上古典音乐的，这与他的中学同学吴玉麟有很大关系。当时只要得空，爷爷就和另一位同学郑鹏聚在吴家听黑胶唱片，吴玉麟是 20 世纪中国新舞蹈艺术的开拓者吴晓邦之子，家中的唱片都是其父从日本留学带回来的。但是光听唱片，而且还是在 20 世纪 40 年代播放设备的条件下，肯定很不过瘾，于是激发了爷爷自己装收音机来听音乐的热

▶ 1931 年在法租界蒲石路、迈尔西路（今长乐路、茂名路口）建成的新兰心大戏院

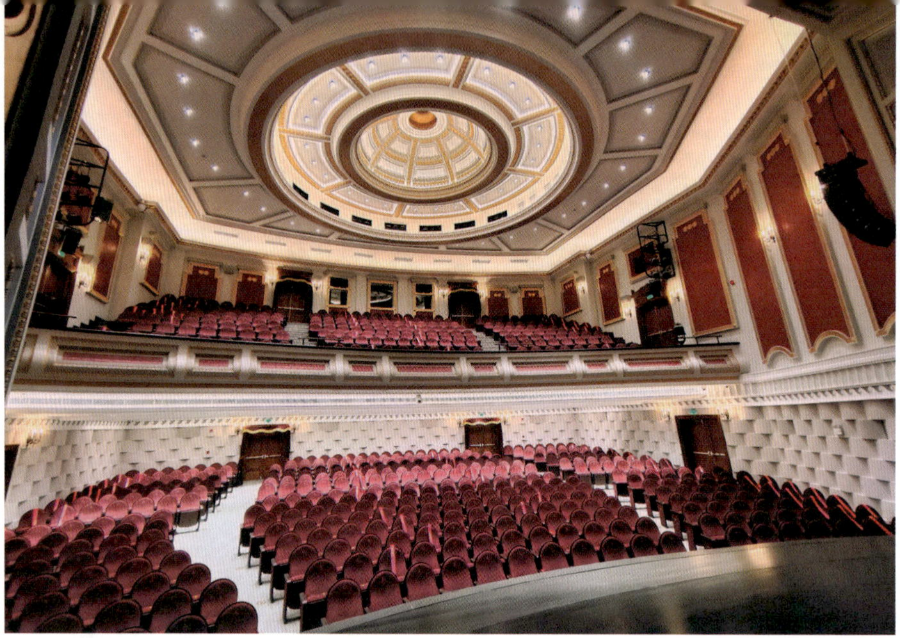

▲ 装修一新的兰心大戏院内景

情，现场音乐会也成了必要的"奢侈享受"。

工部局乐队（上海交响乐团的前身）是当时上海演奏水平最高的交响乐团，爷爷和同学从乐队位于现福州路的排练厅，一直追到现在位于长乐路、茂名南路拐角上的兰心大戏院（Lyceum Theatre）。那时爷爷常常和同学一起去等音乐会退票，退票很容易等到，所以，爷爷基本上逢场必到。爷爷回忆说，对当时乐队指挥阿里戈-富华（Arrigo Foa，1900—1981）印象极为深刻。1919年意大利人梅百器（Mario Paci）接手工部局乐队，从欧洲招揽了一大批优秀音乐家，将乐队带入了黄金时期，其中就包括了意大利小提琴家富华。1941年他从梅百器手中接过了乐队的指挥棒，每星期都要举行交响音乐会或室内演奏会，地点就在兰心大戏院。

兰心大戏院于1931年2月25日落成。自1934年起工部局乐队就在此定期举行音乐会，是兰心大戏院第一批常驻客，今年正好是其90周年。但如果要追溯兰心大戏院的历史，则要将时钟回拨到1866年，上海侨民成立上海西人爱好剧团，在今圆明园路和香港路转角建造了一幢木结构的剧场，1867年3月1日首场公演。因为在英国伦敦河滨大道有一座皇家讲演厅兼歌剧院叫“Lyceum Theatre”，所以，上海的这个剧场也就直接套用了这个名称。

中国近代著名思想家王滔早年在上海的墨海书馆任职，是他把Lyceum译成了“兰心”。当时有灯光、乐池和舞台布景的剧场，确实是让上海人看足了“西洋镜”。进入20世纪后，上海的娱乐场、戏院、影剧院业蓬勃发展，红极一时的“兰心”逐渐落寞，加之近外滩一带的地价水涨船高，剧场主1929年卖了外滩的地，把剧院迁到了现在的位置。

新建的兰心大戏院为三层钢筋混凝土结构，由美商哈沙德洋行委托戴维思和勃罗克设计，占地2120平方米，建筑面积7950平方米。戏院的正门采用了风靡20世纪30年代上海的装饰艺术风格。底层设计为通畅的大门，为了增加大门内大厅的采光，在半层处增加窗户；二层则设计为白色石材制作的半圆拱长窗，配以古典的护栏；三层又是石材制作的方窗，两侧墙角是白色凹凸的墙隅石；建筑的外墙统一使用褐色砖石，以白水泥勾勒出砖缝，形成一种强烈的色差和柔和的感觉。

▲ 2016年8月27日，在兰心大戏院观摩海派话剧《汇贤坊》，该剧集中了一批上海籍的国家一级演员和老中青三代演员，描写了上海市民生活的家长里短

▲ 兰心大戏院外景

除20世纪上半叶的上海工部局乐队，兰心大戏院还拥有诸多历史高光时刻。1945 年大戏院迎来了艺术大家梅兰芳蓄须八年后的首次演出。1953 年兰心大戏院曾一度更名为上海艺术剧场，六年后中国近代历史上最重要的一部小提琴协奏曲《梁祝》从兰心大戏院走向世界。进入 21 世纪后，迄今世界上公演时间最长、影响广泛的英国原版舞台剧《捕鼠器》，于 2010 年在兰心大戏院开票，这是这部剧 57 年后首次离开英国伦敦来到上海。

继 2003 年大修之后，今年 90 岁高龄的兰心大戏院进入新一轮更大规模的修缮中，目标是修旧如旧，复刻经典，恢复当年的风貌。

上周我突然得知爷爷的同学郑鹏去世的消息，让我唏嘘不已。因两年前给爷爷整理回忆录，爷爷搬出郑爷爷作为救兵，一起帮忙回忆听音乐会的细节，我因此和郑爷爷一直保持着联系，最近一次联系恰巧是郑爷爷告诉我，他们的另一位同学许步曾的儿子许慎，将父亲生前珍藏的工部局乐队录制于 1929 年的黑胶老唱片捐赠给上海交响乐团的事情。据考证，这两张黑胶是有档案记录的上海交响乐团历史上最早录制的唱片，或许也是中国交响乐现存最早录制的唱片，颇有意义。如今家里人已将老人家的微信头像从本人照片换成了一个花环。

让我们共同期待兰心大戏院的焕然“依旧”。届时，我一定带爷爷再来看一场演出，重温他年少时追逐音乐会的快乐时光。

东台路古玩市场的『唯一旧书店』

张剑明

▲ 著名书画家刘旦宅题写的“东台路古玩市场”楼匾

▼ 《上海市行号路图录》的地图册，由上海社科院翻印出版，深受文史研究者喜爱

20 世纪 80 年代，我曾经在东台路上开“古香斋”旧书店。那年代有关部门对出版物的管理制度较严，新、旧书店一律都不允许私营的，我开旧书店可以说是打“擦边球”，以古玩名义兼售古籍，可以说是当时上海最早的私营旧书店。

很多人问我为什么叫“古香斋”。除名副其实好听外，还受到鲁迅的影响。鲁迅曾说，特别喜欢看民国时期《论语》开设的“古香斋”栏目，专刊里的各地荒谬新闻与文字；再加上又是乾隆皇帝用过的斋名（故宫保中殿内），可谓有高有低，有俗有雅。后来，我通过“古香斋”旧书

▲ 中外游客兴致勃勃地逛东台路古玩市场

▲ 外国游客在东台路古玩市场“淘宝”

店收藏了一整套乾隆时期刻成的“古香斋”丛书，一直舍不得卖掉珍藏至今。

自从开了旧书店，我深刻感受到书不但是我们的良师益友、人生导师，也是我们每个人心中必定有的一种“敬仰”之精神。当时在东台路，普遍经营的都是老古董“玩物”，忽然发现我的“古香斋”买卖古书籍，人们都会进来看看，有些人还竖起大拇指，表示对本店的敬意，但真的来买书的甚少。记得有一领事及夫人，每次到东台路都会先来我店看一下，但论买书的话，他们还是会先去看市场内有没有好的“玩物”，如果最后钱没用完，才会又到“古香斋”买一两套书。现在想来，我们对书店的态度也是一样，有一种莫名的喜欢，但买书还是拍张照，到当当、京东去下单买书。

当时书店吃香的是带图的传统小说。日本人喜欢拓本碑帖，还有就是老上海的资料书籍也很吸引国内外研究人士。收藏老上海故事的人也很多，曾碰到一位专门收藏老上海明信片的香港人，我问他是不是上一辈人是上海人？他说不是。是不是以前在上海工作过？他说也不是，只是喜欢上海，上海是有魂、有故事的地方。这类收藏人士很多，从他们身上可以感受到上海在世界上的地位，感受到上海的魅力，我的上海系列收藏也受他们影响。当时因出版老上海历史的书很少，不像现在每次去书店都会发现很多老上海的新书。我起初只收点书籍、杂志、地图等了解一下老上海，后来多了就变成了收藏，收藏品类也多了很多，还开设了老上海茶馆（也称上海历史收藏馆）专门展示。我的收藏中有一套《上海市行号路图录》的地图册，这本地图册可以说详细到极致，如大楼每层楼的公司都标明，街巷小店也一个不落地标示清楚。当时上海社会科学院出版社的承载社长碰到我，劝我把书拿出来翻印，在他的鼓动下，我将《上海市行号路图录》地图册翻印出版，深受上海文史研究者的欢迎，一经面世便被一抢而空。印刷厂也是很认真，为了把地图印清楚，第一版印刷时，听说用了很多蛋白来印，买了二十几筐鸡蛋（听说蛋白版印刷技术现今已消失）。这本书是上海文史研究的标配，很多书籍附的上海地图，都出自这册地图集。还是要感谢承社长的慧眼，使“古香斋”旧书店也承担了些许社会责任。

那些年，来淘书的多为国内的研究者，如唐振常、周振鹤、郑祖安、陈子善等知名学者。那时上海旧杂志也较受欢迎，如《良友》等。曾有位学者跟我说，“文革”时，她家被抄去了很多古籍，但她为了研究老上海，落实政策发还物件时，就换成拿取老上海旧杂志。

1999 年，我因开了老上海茶馆，把书店转让给了笔名大王陈玉堂的儿子，继续经营古籍直至东台路拆迁。

▲ 鼎盛时期的东台路古玩市场

中华职业教育社的前世今生

黎同

▼ 拍摄于 1935 年 10 月的学生早操

◀ 中华职教社早期主要负责人黄炎培（后排右四）、江恒源（后排右三）、杨卫玉（后排右二）、冷御秋（后排右五）与爱国老人马相伯（前排右四）等合影

雁荡路与南昌路的拐角处，有一栋六层楼的欧式风格老建筑，门牌：雁荡路 80 号。建筑外墙以褐色泰山砖面砌筑，白色大理石的门额上，镌刻“中华职业教育社”（以下简称“中华职教社”）七个大字。门口左侧墙上挂着“上海市文物保护单位中华职业教育社旧址”的铭牌。

此楼 1930 年建成，是中华职教社集资自建的办公场所。五楼外墙上醒目地印有中华职教社的社徽图案，寓意“手脑并用，双手万能”。“中华职业教育社”是个什么样的组织呢？

中华职教社是由我国著名教育家、爱国民主人士黄炎培先生联合蔡元培、梁启超、张謇、宋汉章等 48 位教育界、实业界知名人士于 1917 年 5 月 6 日在上海创立的。以倡导、研究和推行职业教育，改革脱离生产劳动、脱离社会生活的传统教育为职志，提出职业教育的目的是“谋个性之发展，为个人谋生之准备，为个人服务社会之准备，为国家及世界增进生产力之准备”，是中国第一个职业教育团体。社址最初在方斜路江苏省教育会内，后于 1930 年迁入这座由社员募捐集资建造的楼内。

中华职教社针对旧式教育的种种弊病，倡导推行职业教育，开创了中国近代教育史上多个“第一”。创办了我国第一份职业教育专门刊物《教育与职业》杂志，蒋梦麟任总编辑，是目前我国职业教育界历史最长的期刊；是第一所专门以“职业”命名的学校，中华职业学校，成为当时国内外颇有影响的“最富有实验性的学校”；也是第一家职业指导机构——上海职业指导所，成为早期职业指导的倡导者；还是第一家农具推广所——中华新农具推广所，开启了推广乡村职业教育，试办乡村改进区的新路等，成为中国教育史上改革的先行者。

中华职教社先后创办了中华职业学校、比乐中学、中华工商专科学校、中华职业补习学校等各级各类职业学校和农村改进区等城乡职业教育事业单位共 80 余所，为中国革命、建设和改革时期培养了大批优秀人才。其中涌现了张闻天、华罗庚、顾准、邹韬奋、江竹筠、秦怡等杰出人才。比乐中学早期就设在雁荡路 80 号的社所大楼内，中华工商专科学校也曾在楼内办分校。20 世纪 80 年代初，中华职业补习学校复校，先后创办的上海中华职工中等专业学校、上海中华职业进修学院、上海中华侨光职业学院均以此楼为校舍。

中华职教社积极投身抗日救亡运动和中国共产党领导的和平民主运动。创办《生活》《国讯》《展望》等进步刊物，积极宣传抗日，为争取民主和平，反对独裁内战而呼吁，成为中国共产党的舆论阵地；提出全力赴国难的口号，社办事业一切工作围绕抗战，为了抗战，并在中国共产党的关怀指导下，灵活机动地开展统一战线工作，利用自己的组织系统掩护中共地下党员和电台；还先后参与发起组建中国民主政团同盟和中国民主建国会。

雁荡路 80 号大楼建成后，成为中华职教社工作、活动、联络的中心，举办过由进步教授主讲的宣传和平、民主的讲座，能容 200 余人的比乐堂专做集会之用，堂

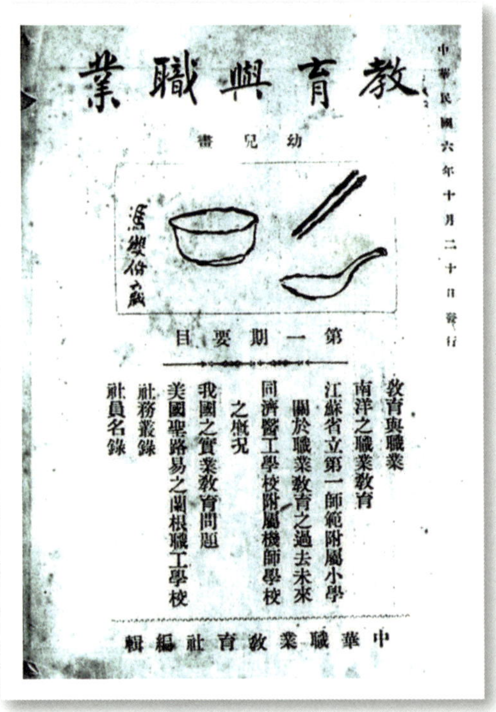
中華民國六年十月二十日發行

教育與職業

幼兒書

第一期要目

教育與職業
南洋之職業教育
江蘇省立第一師範附屬小學
關於職業教育之過去未來
同濟醫工學校附屬機師學校之概況
我國之實業教育問題
美國聖路易之闌根職工學校
社務叢錄
社員名錄

中華職業教育社編輯

▲1917 年 10 月创办《教育与职业》杂志

◥中华职教社现状

▶中华职教社旧照

▶▶中华职教社旧址现状照片

上匾额“比乐堂”请九一老人马相伯所书。董竹君曾租借中华职教社的房屋在底楼开设过锦江茶室，成为当时上海革命进步人士集会商讨国事的场所。1925 年创刊的《生活》周刊发行部和编辑部也同时迁入雁荡路 80 号新社所，1932 年主编邹韬奋还在这里成立了生活书店。

雁荡路 80 号还是中国民主建国会总会在沪旧址。1946 年 4 月，成立不久的民建总会从重庆迁至此楼，在中华职教社内办公，直至 1947 年 11 月，民建上海分会成立大会也在雁荡路80号社所举行。2018 年 5 月 23 日，雁荡路 80 号被民建中央命名为“爱国主义教育基地”，并挂牌“民建总会在沪旧址”。

中华职教社从一个最初主张“教育救国”的职业教育团体，逐渐成为既致力于职业教育又在国家政治生活中发挥积极作用，追求民主进步的爱国团体。新中国成立后特别是改革开放以来，作为具有统战

▲1948 年中华职业学校师生上街示威游行，声援全国各地学生运动

◀1943 年创办中华工商专科学校

性、教育性、民间性的群众团体，中华职业教育社紧紧围绕党和国家发展大局，广泛联系社会各界和海内外关心支持职业教育的人士，为发展职业教育、实施科教兴国和人才强国战略、推进祖国和平统一大业做出了积极贡献，成为党和政府推进统一战线和职业教育工作的重要力量。

中华职业教育社于 1950 年从上海迁至北京，在上海建立分社，沿用雁荡路 80 号原社址办公至今，1992 年更名为上海中华职业教育社。上海市职业教育协会、上海市教育学会、上海市成人教育协会等上海几个主要教育团体曾相继在雁荡路 80 号挂牌办公。2021 年雁荡路 80 号进行第五次大修，重新布局并实行功能再造。

雁荡路 80 号见证了中华职教社的峥嵘岁月，并将继续见证上海中华职教社的奋斗和荣光。

▲ 1993 年 8 月成立中华侨光职业学院。图为珠宝专业学生在实习

▲ 中华职业教育社成立 100 周年大会

陕西南路上消失的体育馆

汪新民

▲ 上海市体育馆（原回力球场）
▶ 陈镜开破世界纪录

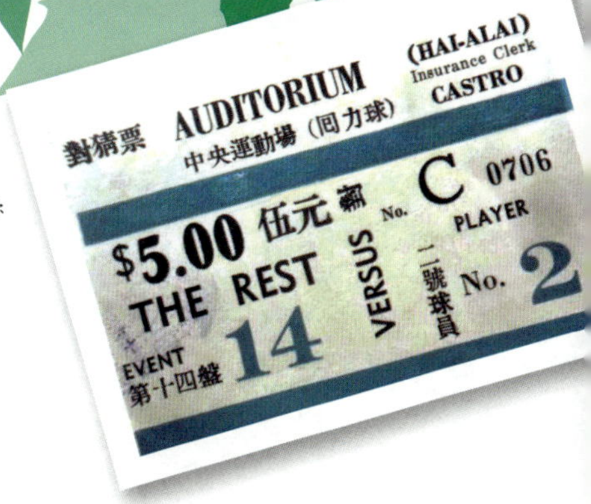

回力球场，亦称中央运动场彩票

“老上海”都知道，陕西南路、淮海中路口有一幢三层板式框架建筑，尽管只有三层，但层高很高，相当于一般建筑的五层楼。它在 1975 年以前叫上海市体育馆，漕溪北路上的万人体育馆建成后命名为上海市体育馆，此馆改名为卢湾体育馆。

此幢建筑有年头了，1929 年美国赌徒蒲甘、法国讼师逖百克、埃及人海格、法商步维贤以及买办陆锡侯、朱博泉发起创设“回力球场”，次年 2 月 7 日正式开张。叫“球场”却不是体育场所，而是实实在在的赌场，这里赌的是人。球场东、南、北三面是墙，西面为看台，看台座椅是弹簧皮面的靠背椅。为防止回力球飞出伤及观众，看台上装铁丝网。据统计，场地宽约 18 米，长约 90 米，球员 20 余名，均从海外聘来，大多是西班牙、墨西哥和古巴的职业球员。所谓回力球，就是十几个球员分两队，手中套着一副形如垒球用的藤手套将球抛在墙上，弹回接着，再又抛向墙上，如此而已，接不着球为输。比赛分单打、双打和两队大赛，赌徒们赛前半小时下注。回力球场刚开始营业状况不佳，1932 年淞沪抗战后，法租界内居民激增，营业额上升，每月收入约 28.6 万银元，相当于黄金 2770 两，赚了钱又在淮海路、陕西路口盖了四层高的回力公寓。

1949 年解放后，市军管会接管的体育设施是“一场（南市体育场）一馆（回力球场后改名为上海市体育馆）一池（虹口游泳池）”，可见回力球场当时的知名度和在体育界的江湖地位。成为上海市体育馆后，场内改建成西面为看台，南面是酒吧，东面是包厢，北面是能容纳两千多观众的专业篮球场。上海市篮球协会就在此办公，上海市体育馆也成为全国和国际比赛的篮球大舞台。20 世纪 50 年代末，由著名演员刘琼、秦怡、向梅、金山主演

▲ 观众看台

▲ 陕西南路、淮海中路口的回力公寓外景

的轰动全国的电影《女篮五号》，就是在该体育馆拍摄的。

由于该馆在市中心，又内设招待所，外省市篮球运动员都喜欢到此打球。晚上打比赛，白天逛淮海路，购物小吃，不亦乐乎，这些2米左右身高的运动员走在马路上已成为淮海路一景，加上上海组织比赛的水平高，接待热情，交通方便（当时飞机很少，乘飞机要级别的。铁路卧铺票紧张，市体育馆方与铁路局关系密切，卧铺票随到随买）等因素，外省市篮球队对上海市体育馆认可程度相当高。

除了篮球训练和比赛，该馆还承担了其他体育项目的比赛任务。历史上中国人第一个打破世界纪录的举重运动员陈镜开，就是在1956年6月7日在该馆举办的中苏举重友谊赛上，挺举起133公斤，打破了美国运动员保持的132.5公斤的最轻量级挺举世界纪录。此后，陈镜开先后九次打破世界纪录，1987年国际奥委会执委会决定授予陈镜开奥林匹克银质勋章。

改革开放后，改名为卢湾体育馆的经营又有了勃勃生机，作为卢湾区第一个“吃螃蟹”的事业单位改革为自收自支的承包单位，要求除了工作人员自给自足外，经营收入一半上缴，一半场馆维修，经营压力非常大。卢湾体育馆紧盯主业——篮球大舞台，从开放后的国际赛事、国内大赛到中小学的校际比赛，一律悉心操办。当时有句话叫“从马甲打到棉背心”，一年四季比赛不断。今天叫“粉丝”的明星迷，20世纪80年代就有，这些老球迷场场比赛来此网红地“打卡”，几乎是买固定座位票。对上海队的球员熟悉程度如数家珍，身高多少，体重几许，家住何处，什么爱好，爷娘做啥，一清二楚。不少球迷拿了笔记本边看球边做笔记，俨然一个教练模样，说起“球经”头头是道，经常是场上运动员一出手，这些行家就知有没有。馆方也重视球迷的培养，不时举办一些著名教练和球员的篮球知识讲座。更重视篮球苗子的成长，“苗苗队”每周无偿训练，有不少苗苗队员后来都打进了市篮球队。

同时，场馆重视“以副养主”，充分利用比赛间隙，得市中心地段之便利举办各种文娱体育活动，增加收入，为国家创利。1985年美国著名“拳王”阿里访华，就在卢湾体育馆举行过表演赛。表演盛况，至今难忘。排队买票的人流排到淮海路，绕到茂名路，售票窗前的铁栏杆也被挤塌了，阿里拳击表演中诙谐幽默的场面让当年的拳迷们津津乐道，大呼值回票价。

当年刚改革开放，思想比较保守，跳舞还不时兴，但市民蠢蠢欲动，脚头痒了，想找地方跳舞，年轻人不会跳想学跳舞。卢湾体育馆开时代先河，第一个在馆内举办了教交谊舞的培训班，请了上海芭蕾舞团演“白毛女”的石钟琴老师来教舞，响应者众，报名热烈，超乎预料。由此开头，交谊舞、国标舞逐渐在大上海推广普及，培训班、舞蹈班如雨后春笋般，遍及全市各处。

20世纪80年代初，邓丽君的歌声传遍华夏大地，流行音乐生逢其时，掀起阵

巴黎春天（卢湾体育馆、回力公寓遗址）

阵冲击波。沈阳歌舞团、上海轻音乐团等的演唱会，在剧场里已容纳不下年轻人的疯狂和骚动，急需一个空旷开阔的场地来继续发泄青春的萌动。卢湾体育馆又开内地先河，热情敞开怀抱，搭台售票，先后为各地来沪的轻音乐团举办了几十场演唱会。本地歌手沈小岑、张行等，就是在卢湾体育馆唱红九州大地的。

为了增加经济效益，卢湾体育馆还曾出租过门面、柜台，当年华亭路上“服饰大王”王根清，就是在卢湾体育馆卖“马海毛”而淘到的第一桶金，还有一批服装个体户，都是从卢湾体育馆起步的。

1992 年，邓小平南方谈话的春风吹遍长城内外，上海市委也吹响“一年一个样，三年大变样”的改革开放号角，各区“大变样”的压力很重。上海作为“共和国的长子”，多年承担国家财政收入六分之一的沉重包袱，城市基础设施失血严重，几条主要商业街基本保持解放前的旧貌，淮海路也不例外。招商引资成为筹钱变样的主要渠道，香港“巴黎春天”财团看中了淮海中路、陕西南路拐角的黄金地段，卢湾体育馆不得不面临“动拆迁”的命运。

这座曾在1983年举办过第五届全运会闭幕式，演绎过许多故事的历史建筑，完成了它63年的历史使命，在1992年下半年被夷为平地。据参与拆馆的人员讲，该馆的地基是用三四十厘米见方、十来米长的木桩，涂上柏油打下去的。这些木桩拔出来时，基本完好无损，几百根木桩使拆迁公司发了笔横财，可见这幢历史建筑当年是建得如何考究风光的。

陕西南路上的体育馆消失了，当时卢湾区政府采取土地置换的方式，将陕西南路卢湾体育馆地块出让所得资金全部投入肇家浜路128号地块，同时增加投资，建设一个融室内体育馆、室外体育场、游泳馆、健身馆和其他体育设施为一体的颇具特色的体育中心。

▶ 移址新建的卢湾体育馆

1952 年 4 月，逸园改建为人民文化广场

上海文化广场的前世今生

汪志星　孙凯丽

“文化广场”坐落在上海市中心，黄浦区境内，东依茂名南路、西靠陕西南路、北临复兴中路、南以永嘉路为界。如今雅致静谧的场所，曾是上海市民热忱向往的政治、文化、娱乐活动的重要场所。文化广场的变迁，牵动着上海几代人挥之不去的怀旧情结。

文化广场的原址是 1928 年创办的法商赛狗会——逸园跑狗场。除跑狗赌博外，还曾用作足球场、露天电影院，并开设逸园大饭店。

1928 年 2 月，法商赛狗会董事长比门与法国商人邵禄筹资150万美元，在辣斐德路（今复兴中路597号）开设“逸园跑狗场”。跑狗场占地72亩，中间有6条蛋形跑道，装有电动兔子，用格力犬赛跑赌博。跑道四周均设看台，能容纳两万多人，号称“远东第一大赌场”。此外，设有旅馆、餐厅、舞厅、书场等。另外，在大西路（今延安西路）、凉州路两处设置狗房25幢，占地116亩，总投入180万美元。跑狗场于1928年10月1日开张，四方赌客蜂拥而至。自1931年至1938年，除税收和各项开支外，逸园结余达360万银元。

1941年12月，太平洋战争爆发，日本军队进入租界，逸园被日军占为军营和仓库，法国老板携巨资回国，跑狗就此停止。抗战胜利后，逸园成为国民党贪官污吏、买办资产阶级群魔乱舞之地，直到1949年5月上海解放。

1949年5月27日上海全境解放。次日，中共中央华东局、华东军区首长邓小平、陈毅、张鼎丞、魏文伯等进驻逸园边上的马立斯花园（现瑞金宾馆）。6月30日，中共中央华东局、上海市委在逸园举行中

▲ 当年逸园新来的灰猎犬

▲ 1939年拍摄的一次“猴骑士”比赛

▲ 20 世纪 30 年代的逸园跑狗场主建筑

▲ 老文化广场拆除前的全景

国共产党成立28周年庆祝大会，宋庆龄、邓颖超等出席。7月2日，老解放区来的共产党员和上海中共党员两千余人在逸园大会师，陈毅、曾山、刘长胜讲话。7月7日，在此举办的纪念聂耳音乐会上，万人齐唱《义勇军进行曲》。8月5日，上海市各界人民代表会议一届一次会议在逸园举行，陈毅做报告。12月5日，上海市各界人民代表会议一届二次会议也在此举行。

回到人民手中的逸园，成为上海人民政治文化活动的重要场所。1952年4月，经陈毅市长批准，逸园改建为上海市“人民文化广场”。跑狗看台被扩建成有1.5万个座位的大会场，建成总面积8700平方米，拥有1000平方米的舞台和后台的大会场。并将“人民文化广场”改称“文化广场”。从此，“文化广场”这个名称历经几十年风雨一直沿用至今。

1955年1月，建成钢屋流桁式结构大会场，容纳1.5万人。并新建1224平方米舞台和1920平方米后台，总投资125.1万元（新币）。2月中旬，朱德亲莅视察，对改建工程给予了充分肯定。还开辟7000平方米展览馆，开设人民图书馆、少年儿童文化馆及3000平方米文化休憩花园。从此，文化广场成为上海举行大型政治集会和文艺演出的群众性政治文化活动中心。

1958 年 3 月，上海美术设计公司与文化广场实行一个机构，两块牌子。次年，人民图书馆、市历史与建设博物馆原址房屋设施由上海戏曲学校使用。

经过十几年的使用，特别是“文革”中的折损，文化广场设施陈旧，加上广场两边没有固定的围墙，于 1969 年 12 月进行大修。为了赶工程进度，操作工违反操作规范引发一场罕见的大火，整个会场、舞台和北邻的上海戏曲学校一部分被烧毁。广场周围群众闻警纷纷冲进大火抢救国家财产，造成有市民伤亡的惨剧，在上海乃至全国引起很大震动。1970 年 6 月，周恩来总理亲自批示“重建文化广场”。工程由上海规划设计院和同济大学设计，市建工程七公司、上海金属结构厂、江南造船厂协作焊接三向网架作为屋顶。5700 平方米的三向管式网架一次吊装成功。复建后的大会场改为封闭式观剧厅，大厅无一根落地支柱，舞台总高度升至 19 米。12,137 个

▲ 1973 年重建后的文化广场

▲ 1973 年重建后的文化广场内景

座位上的观众都能无障碍地看到主席台，文化广场条件更好了。

时光进入20世纪90年代，文化广场成为上海最大的证券交易市场；不久成为遐迩名闻的“精文花市”。其每一种身份、每一张面孔、每一次变化，都凝聚了鲜明的时代特征。

2005年，文化广场第三次重建，预示着文化广场回归“文化”之路。历经五年的建设，承载着建设者的心血和汗水，“文绿结合，以绿为主”的文化广场，以崭新的面貌呈现给市民。

文化广场的室内空间以“凤凰欲飞”为设计理念，大堂进厅的树状结构和《生命之源》的玻璃壁画相互呼应。大型舞台采用国际罕见的弧形台口设计，20米长的台口宽度为上海之最，重达550千克的大幅幕布为德国定制。演出舞台设水台、冰台与乐池，配备具升降、推拉、旋转等功能的各类舞台机械装置，以及国际先进的灯光音响设备，可以满足音乐剧、舞台剧、音乐会等各类演出的技术需求，呈现完美震撼的视听效果。

2011年7月31日，重建后的文化广场迎来首次演出，“2011上海夏季音乐节开幕式”隆重举行。观众在地下20多米深处的剧场内欣赏演出，这种体验让人怦然心动。有人这样描述新文化广场：如梦如幻的迎客大堂如此神圣；富有诗意的钢铁大树瞬间变得可亲可近；五色斑斓的玻璃壁画令人震撼；紫罗兰的座椅把观众厅装点得绅士淑女般的雍容华贵；建筑物上的双曲面弧形犹如一件件千姿百态的雕塑……

“山不在高，有仙则名。”上海悄然矗立起的文化广场这座文化宫殿，将再一次唤起上海人的集体回忆。而今，新文化广场人正以自己的睿智与努力，用一种拼搏向上的精神面貌，紧跟时代发展的步伐，使其成为凝结历史与文化精华、凸现城市灵魂的一首不朽的文化史诗。

新文化广场，今日已出发，未来辉煌可期。

文化辉煌的文化广场

孙凯丽　汪志星

解放后，文化广场一直是上海人民政治文化活动的大舞台，许多大型会议和精彩演出在这里举行。据《卢湾区志》记载：“1949 到 1988 年，文化广场共举办演出 2557 场，其中外国艺术表演团体演出 218 场。”

著名演员梅兰芳、马连良、谭富英、张君秋、裘盛戎曾在此演出《龙凤呈祥》《四郎探母》等；盖叫天在此演出《武松打虎》；徐玉兰、王文娟演出《梁山伯与祝英台》；蒋月泉、徐丽仙、杨振雄、杨振言、严雪亭等表演评弹艺术，许多国内一流的歌舞团也在此参加各种演出。

文化广场更是各国艺术交流的舞台，苏联红旗歌舞团、匈牙利国家人民文工团、蒙古国家艺术团、波兰歌舞团、德意志人民歌舞团等众多国家的艺术团都曾在此演出过。其中，有些演出在当时激起社会极大的反响。例如，苏联西伯利亚芭蕾舞团演出的《天鹅湖》，日本松山芭蕾舞团演出的《白毛女》，朝鲜歌舞团演出的《血海》《卖花姑娘》等。

值得一提的是 1964 年 7 月，周恩来总理在陈毅副总理陪同下，在文化广场审看由三千人参加演出的“在毛泽东的旗帜下高歌猛进”大型音乐舞蹈史诗，并给予热情的赞扬与鼓励，在此基础上诞生了大型音乐舞蹈史诗《东方红》。

1968 年，《长征组歌》在文化广场演出；20 世纪 60 年代的“样板戏”《沙家浜》《智取威虎山》《红灯记》《红色娘子军》等也在此上演过。

1977 年至 1988 年，文化广场举行文艺演出 1.5 万余场，观众达 1500 余万人次。仅 1981 年 5—6 月，东方歌舞团就连演 35 场，观众达 47 万人次，上海和全国观众争相购票，一睹为快，盛况空前。在全国和国际上影响很大的“上海之春”音乐会开幕式，很多届都在文化广场举行。

1976 年，文化广场开始兼放映电影，成为超大型的电影放映场。银幕放宽至 9.5 米 ×16 米，近 10 年间，放映电影 2300 多场，观众达 1200 多万人次。

1988 年 7 月，举行“美国杨伯翰大学歌舞团”演出后，文化广场的文艺演出活动停止。9月，观众厅里的座位拆去，举行“火箭 · 卫星”图片、模型、实物展览。以后还举行过农机展览和科技动物世界展览等。1988年后停止使用时，有建筑面积7800平方米。1992年7月，为盘活国有资产、发挥营业主动性，经上海市文化局批准，成立“上海文化广场实业公司”。

1992年5月，上海全面开放股市，股指从617点升到1266点，市场情绪高涨。当时没有计算机网络系统，股票的买进卖出都要手工操作，时间慢，又容易出错，因此，造成了股票交易点的拥挤和混乱。6月1日，在文化广场设立临时股票委托办理点。6月9日起，每天发放2000张记名预约券，购股的秩序明显好转。自此，文化广场委托点日均委托业务逾千笔。12月24日，该点停

▼ 文化广场曾经用作精文花市

▶ 1992年8月，上海证交所在文化广场开设临时股票交易市场

止营业。

1992年后，各种活动逐渐停止，文化广场门可罗雀。

1997年，文化广场观众席全部拆除，大厅被分割建成二层的花卉市场，占地1.5万平方米，可供300个店铺同时使用。改建成精文花市交易市场，年销售鲜花35亿枝，占全市花卉总量的70%~80%，经营十分火爆，可谓“百花齐放”。由于文化广场重建需要，精文花市于2005年10月停止营业。

昔日的跑狗场、军营、政治、文化、艺术活动中心、股市、花市，历尽沧桑，深深留在几代人的脑海里。

历经五年建设，高楼和绿树环抱中的一个气势磅礴的新广场以崭新的面貌呈现

▶ 今日文化广场内景

在人们的眼前。2011 年 7 月 31 日，重建后的文化广场迎来首次演出，“2011 上海夏季音乐节开幕式”隆重举行。

重建后的文化广场，作为国内第一家音乐剧专业剧院及“演艺大世界”重要成员，围绕上海建设国际文化大都市的目标，坚持“以音乐剧为主、各类时尚经典艺术为辅”的内容定位，不断引介国际优秀剧目，培植国内原创力量，开发剧院内外艺术空间，拓展艺术教育活动形式，努力孵育并营建音乐剧产业发展平台，以及城市具有代表性的公共文化品牌。2011 年以来，10 年间文化广场引进《剧院魅影》《伊丽莎白》《西区故事》《摇滚莫扎特》《巴黎圣母院》等经典剧目，共呈现 2500 余场演出，吸引近 300 万人次，平均上座率达 75%，是全市拥有最高观众人次和演出密度的大型单体剧场；自主制作《春之觉醒》《我的遗愿清单》《拉赫玛尼诺夫》等多部中文版音乐剧，巡演足迹遍布全国各地；通过“剧艺堂”“广场小白”“ByStage 汇谈”等艺术教育品牌举办各类活动 2000 余场，吸引 34 万人次参与，标志着剧院步入有质量的发展阶段。

“十年初心路，启航新征程。”2021 年 4 月 21 日，上海国际音乐剧节闭幕式上，文化广场正式对外发布开业以来的第四个三年规划，以新时代文化发展的全新要求布局战略目标，结合文化广场自身运营特点提出“新型理念”“核心辐射力”“集成巡演”“服务变现”“模式输出”五大发展关键词，希望借力国家和上海市“十四五”规划的东风，继续夯实发展基础、营造发展生态、探索新的突破，努力发展成为具有更广泛影响力的音乐剧产业发展风向标、文化生态地标、人文精神家园，构建多层次、更丰饶的演艺生态系统。

未来，文化广场希望跳脱出一个地名或空间限制，成为一种文化艺术的代名词，一种美学体验的生活方式，正如文化广场的使命所言：剧院不仅是艺术舞台，还是品质生活空间，更是人们重塑精神追求的精神家园。文化辉煌的文化广场正出现在上海市民的热切期盼中。

巨鹿路第一小学：乒乓冠军的摇篮

楼海凤

1982年，因乒乓球教育而闻名海内外的特色学校——巨鹿路第一小学正式迁入南昌路366号校址。1989年，在这个校址内建造了一幢训练设施一流的现代化乒乓训练馆（由香港爱国企业家姚美良与卢湾区政府共同出资建造），成为上海市青少年乒乓运动的热门场馆，也为这所特色学校注入新的活力与发展动力。

巨一小学的乒乓特色之路始于1959年。当时学校因地制宜，因陋就简，在菜板、门板、铺板、地板和洗衣板这“五块板”上热火朝天地开展起学生乒乓活动。学校从一张简陋的乒乓桌发展到设施一流的乒乓馆；一批批孩子走进巨一校门接受乒乓启蒙训练，在磨炼意志与培养能力的过程中茁壮成长。在这所小小的学校，曾经走出了陆元盛、何智丽、黄锡萍、唐薇依、冯喆、仇晨燕、井浚泓等十余位世界冠军和全国冠军，先后为国家队输送了14名国手。进入新世纪后，学校又走出了唐丽颖、马越斐、王大琴等一批批新一代的复合型乒乓人才。作为上海市二线运动队，学校为上级专业队输送了100多名乒乓球后备人才，还斩获了近百座全国、省市级的青少年乒乓球比赛冠亚军奖杯。学校也因此被授予“上海市乒乓球传统学校”称号、“全国乒乓球重点单位”“上海市输送体育后备人才突出贡献奖‘一等奖’”，还多次获全国、市体育先进单位等殊荣，被外界誉为“乒乓球冠军的摇篮”。

巨一乒乓球特色教育的成功离不开社会各界的关心与支持，更离不开巨一教师及教练员的执着与努力。

当年，纪大成老师的学生黄锡萍（曾获“斯堪的纳维亚锦标赛”女子单打冠军）回忆道：我六年级那会儿，有一次在电视里看见欧洲运动员打乒乓球是横板握拍，我很好奇，也很想试试。于是我在夜晚偷偷溜进学校的乒乓房，背着老师试着用横拍打球。原本以为我的出格并违反纪律一定会被老师训斥，但后来发现主张直拍握板的老师其实每天都在窗外默默观察我的打法，也在一旁认真研究着乒乓新技术。想不到我敢于尝试、不服输的个性让纪老

◀ 在学校里切磋球艺的同学们

▲1965 年 5 月 29 日，宋庆龄视察中国福利会少年宫时，观看了上海巨鹿路第一小学荣获全国 21 城市女子少年乒乓赛小学组团体冠军的三名少先队员的乒乓表演，并亲切勉励道：“你们要好好学习，好好打球，将来长大了，为祖国争光。”

师惊喜不已，随后纪老师天天陪着我练习横板技术，共同研究尝试新的打法。他的鼓励与信任成就了我一辈子的事业，也为我成为中国第一代具有横板握拍打法的运动员奠定了扎实的基础。

功勋教练柯元炘曾培养了陆元盛、何智丽等十多位国家乒乓队员。记得 1972 年，刚从长乐路第二小学并校过来的小女孩何智丽一眼就被柯老师相中并选入乒乓球队。训练期间，柯老师发现何智丽“灵敏、活跃，爆发力好”，于是加以重点培养。由于师徒两人身上都具备了认真、刻苦、勤奋的品质，因而每天早晚在乒乓房里一定会看见师徒两人练球的身影，365 天坚持不懈，年年如此。从小不服输的何智丽也不辜负老师的精心培养，进步神速，表现为两年一个新台阶：第一个两年，何智丽进了少体校；第二个两年，进了上海队；到了第三个两年，她已到了国家队。她常常说，柯老师是自己乒乓之路的奠基人，自己到现在还有这么好的球技、球感，与柯老师当年的精心培育、扎实的基本功是分不开的。

作为一所百年老校，学校在教育改革的浪潮中，立足教育本源，从百年办学历史中寻找办学特色，从“乒乓特色”到“乒

▼ 国家乒乓球队原主教练陆元盛接受小记者采访

▼ 比赛获奖

▲陆元盛辅导队员发球要领

▲ 奥运会、世乒赛、世锦赛乒乓球冠军云集巨一小学，参加“世界冠军辅导乒乓幼苗活动”

乓文化”的过程中找寻关注学生发展的文化基因。在传承与发展、理想与现实、普及与提高、务实与创新的实践中积极探索。

新的世纪，学校在“守护童心”办学理念引领下，积极将乒乓球启蒙教学从关注个别比赛学生调整为惠及全体学生，从关注个体成长到促进群体发展。学校设计“乒乓文化课程”，把单一的乒乓技能训练转向对乒乓文化的探究、转向对乒乓精神的传承；设置“乒乓文化活动月”，创新学生学习方式，合作探究、共学玩转乒乓，实现乒乓特色教育的学科统整和年级序列递进，开拓了馆校整合资源，形成了学校品牌的区域课程。学校传统特色在“守护童心”的教育思想孕育下，焕发出新的生机与光彩。

以前石库门弄堂里孩子们打乒乓球的情景

▲“三好海峡杯”篮球比赛

明理向上的“向明”篮球

谢懿

向明中学是一所具有百年历史的沪上名校，前身为震旦大学附中，由清末著名教育家马相伯先生于 1902 年创建，1952 年改称为向明中学。向明中学是上海市首批命名的实验性、示范性高级中学，也是国家教委命名的群众性体育工作先进集体，国家教委布局的高水平运动队（女子篮球），2000 年被上海市体育局和上海市教委首批命名为上海市二线运动队（篮球）。

向明篮球是有着深厚历史积淀的。学校历任校长都亲自主抓篮球队，这也是向明篮球得以传承与发展的法宝。

20 世纪 50 年代中期，向明操场聚拢

▲ 向明中学的震旦楼

▲ 向明中学 1984 年学生毕业合影

了一群喜爱篮球的向明学子，每天练球到暮色四合才拎起书包，意犹未尽地离开学校，篮球运动呈现蓬勃生机。历经 10 年的普及提高，向明的男、女篮均登顶上海市中学生篮坛。

1962 年，向明女篮跻身上海市中学生篮球赛的冠亚军决赛，在当年位于陕西南路的上海市体育馆进行，由向明 PK 市三女中。向明全队踌躇满志，势在必得。体育馆观赛的师生和家长济济一堂，山呼海啸的喝彩声、欢呼声，连患有心脏病的王子修校长也按捺不住激动亲临现场动员，教练李根福运筹帷幄，派出精兵强将主力阵容坚决反击快攻，比赛虽然异常激烈，但向明女篮占尽天时、地利、人和优势，以 55 比 30 的大比分击败市三女中，勇夺冠军。

1965 年，向明男篮征战中学生篮坛已近 10 年，虽从未染指联赛冠军，但多年的厉兵秣马，技术战术日渐成熟，夺冠已是瓜熟蒂落。队长周祥庆司职中锋，弹跳虽是平平，但很善用脑，利用身体顶着

▲ 向明中学的学生到四川参与篮球训练

对方得分或抢篮板，其又精于算计，若是对方中锋难对付，又会跑到外面拿球，弄得对手一筹莫展；边锋张兆伍思路清晰，打球诡异，冷不防就吱溜一下钻到对方篮下得分；向明跳高校运会纪录保持者张悌身高 1.72 米，弹跳好、投篮准、夺分凶，是个难防的角色……由于每位男篮队员都有绝活，向明以大比分赢了五四中学。此是向明男篮史上第一次夺冠，经过岁月磨砺，锲而不舍的修炼，终成正果，登上了上海中学生篮球的顶峰。

向明篮球活跃至 20 世纪 80 年代中期，出于种种原因，男篮停止招生，女篮则在教育部试办高水平运动队的背景下，迎来全新的发展，先后于 1990、2007、2013 年勇夺全国中学生比赛冠军，代表中国参加世界中学生篮球锦标赛，近十几年来包揽了上海市各级中学生比赛的冠军。

向明篮球队从无到有、进而辉煌灿烂，离不开滋养她的故土，其中的球迷就是向明篮球赖以生存的一片沃土。对于向明的师生来说，观看篮球比赛犹如一场视觉盛宴。有校友回忆，当年向明篮球队比赛，数学老师苇起杭每赛必到，赛后又必有一篇梦笔生花的球评，绘声绘色的场景描述好似餐后甜点；学生本是余兴未尽，见到评述更觉回味无穷，长此以往，逐渐迷上篮球。其实，向明的球迷老师，岂止一位，许多学识渊博、教学一流的老师如外语徐洵（教导主任）、数学于辉元等老师，都是棒打不散的铁杆球迷，凡有篮球比赛，这些老师或驻足学校操场或跟随球队前往赛地，混杂在球迷之中已无师生之分，看得兴起或是高呼好球，或是顿足叹息，如痴如醉，流连忘返。至于学生球迷，则是热情有加，除了对球赛品头论足，更是爱屋及乌，给那些在篮球场上的运动员一一量身定制朗朗上口的绰号，比如 soft(柔软，意为打球不硬朗)、苗条（排骨）等，绰号雅而不俗，形象生动，折射出向明篮球文化的衍生物。球迷表现形式多样，各领风骚，《新民晚报》资深记者、著名漫画家、后任《东方体育报》社长的徐克仁（“克头”），就是一位独具一格的篮球迷，“克头”赋诗绘画才华横溢，又是篮球队的热情拥趸。球迷与向明篮球形影相随，促使向明篮球发展壮大，并演绎出篮球场外的朵朵花絮。

向明篮球在校训“明理向上”为核心的“学会创造，追求梦想”教育理念指引下，多年来逐步形成以德为先、以学为主，形成以学生个性发展为目标的校园文化。良好的校园氛围又给篮球队员的个人发展开拓了广阔的天地。

向明篮球的励志故事与逸闻趣事相伴而行，成就了如今的辉煌，成为沪上中学生篮球的窗口和名片。

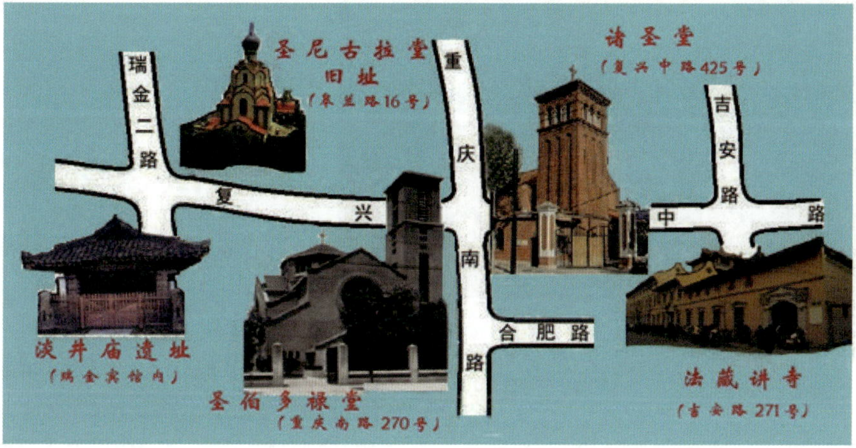

华洋兼容的宗教文化

苏秉公

上海从一个名不见经传、河网交错的渔民村落，演变为如今遐迩闻名、经济发达的国际大都市，其建城700多年来特有的政治、经济、文化演进过程，造就了一种“华洋兼容”的海派文化，被现代人广泛关注和研究。上海的宗教代表着上海信众不同时期的情感、思想和信仰，是各历史时期政治和文化理念的体现，也是海派文化的组成部分。从“淮海—瑞金街区”3.39平方公里内与宗教有关的几个场所（如下图），可见上海地区宗教历史文化之一隅。

诸圣堂的内景

（一）淡井庙遗址

宋元时期，今瑞金宾馆一带是华亭县的一个村落，名为淡井村，村内有座供奉华亭县城隍神的淡井庙。1277 年华亭县升格为松江府，淡井庙随之成为松江府城隍神的行宫。1292 年松江府下建了上海县，因新县尚未有城隍庙，于是淡井庙便成为上海县最早的城隍庙，只是庙里祭拜的依然是松江府的城隍神。直到 1373 年后朱元璋亲自敕封秦裕伯为“上海邑城隍正堂”，淡井庙才成为真正意义上的上海城隍庙。1404 年上海城厢内的金山神庙改建为上海城隍庙，淡井庙则被视作城隍神在城外的“行宫”，人称老城隍庙了。之后，周边建屋筑路、历经变迁，逐渐破旧的淡井庙老建筑于 1997 年被全部拆除。由于该庙部分土地已划入瑞金宾馆，所以，瑞金宾馆内至今还保留着一座尖顶黑瓦两边有一对大象石雕像的中式四角亭，此乃淡井庙尚存之遗迹也。

（二）法藏讲寺

中国佛教分八大宗派，其中，天台宗、华严宗和禅宗是由中国独立发展出的本土佛教宗派，天台宗佛教道场在上海只有法藏讲寺。不要小看它，它与玉佛寺、静安寺、龙华寺一起构成上海佛教的四大名寺。

该寺由天台宗大师兴慈法师于 1924 年发起兴建，并于 1929 年建成。寺内建筑融汇东西方建筑艺术风格，这在上海寺庙建筑中很少见。其特有的法堂可容 600 余人听讲。法藏讲寺突出一个“讲”字，这与兴慈法师（1881—1950）本人的经历和学识相关，他出身佛教之家，长期在江南一带讲经弘法，是一位佛学教育家，深得人心。该寺实为上海佛教僧侣的“教育培训基地”。

（三）基督教诸圣堂

基督教诸圣堂是上海唯一一座罗马式教堂。美国圣公会传教士麦甘霖 1915 年在法租界租赁民房布道，因信徒日增便购得现址土地建新堂，1925 年落成后取名“诸圣堂”。教堂由美国圣公会建造，圣公会是基督教的一个教派，该教派所建教堂根据使用情况分为高派、低派和广派三种格式。诸圣堂采用高派教堂格式，外墙红砖砌就，三角形木结构屋顶，门柱有精细的雕刻艺术，门廊上采用圆形玫瑰窗。西北角建有一个方形塔楼，顶部四面均设三联拱券窗。塔顶的十字架亦很有气势。该堂为信众提供了良好的活动场所并开设了盲人弥撒。

（四）圣尼古拉教堂旧址

俄国十月革命胜利后，大批俄侨来到上海定居，其中不少是贵族。一些不接受苏联国籍的人成为无国籍者，被称为白俄。由于文化上的认同，许多俄侨选择居住在法租界。1928 年，法租界的俄侨已是法国侨民的三倍以上，霞飞路（今淮海路）很快成为仅次于南京路的繁华大街，被称为上海的“涅瓦大街（圣彼得堡街道）”。为了精神文化的寄托，俄侨贵族租用民间土地并发起募捐，筹得 10 万银元后，于 1934 年建成东正教圣尼古拉教堂。教堂的风格为拜占庭式（通俗讲就是洋葱头风格），内外装饰均极为华丽，有九个金色的圆顶与十字架，内部可容纳四五百名信徒。由于上海东正教活动迄今尚未恢复，旧址现为一家很有品位的书店。从2010年起经批准曾在此举办过一些宗教活动。

▲ 圣伯多禄堂建造现场

（五）天主教圣伯多禄堂

圣伯多禄堂是上海天主教会震旦大学根据学校教职工和学生信徒需要，于1934年落成的校内新教堂。堂名采用学校主保圣人圣伯多禄的名字，所谓“主保圣人”就是经教会立定单位、机构的守护圣人。新堂雄伟壮观，正门上有圣伯多禄的石像浮雕；堂厅高敞明亮无柱，可容纳千余人；面对祭台有大型唱经楼，可供百余人登楼唱经；钟楼三只大铜钟敲响时，钟声能传数里之外……八一三淞沪会战虹口和南市沦陷后，一些经济条件较好的教友迁居到附近，也将此堂作为自己的精神家园，圣伯多禄堂便成为一所知识分子集中的公众教堂。“文革”期间该堂宗教活动停止，1984年复名重新开放。现今这里依然是知识分子教友集中的堂口。为适应外国人需求，堂内还开设了英文、德文、韩文等语种的弥撒。

另外，这个区域里还有一些被拆除或已湮没的教堂。比如1928年建成的带有外国侨民教会鲜明色彩的君王堂，1985年因建造新锦江大酒店被拆除，1993年在巨鹿路361号新址重建；树本路（今建德路）专供安南（越南）巡捕及其家属使用的树本路小教堂今已湮没。从这些宗教场所的建筑形态、运行方式、历史演变可以看到：“淮海—瑞金街区”是一个能够融合世界各地文化，时尚、高雅的区域；是一个能够充分展现海派文化特色和魅力的地方；也是一个充满故事，能让国内外游客流连忘返的地方。

淮海路上多难的『少女』

苏秉公

▲ 淮海路街边失而复得的《打电话的少女》雕塑

上海油画雕塑院雕塑家何勇先生创作的城市雕塑《打电话的少女》，坐落在淮海中路、茂名南路地铁 3 号出口旁。雕塑制作精美，人物栩栩如生，与“时尚、高雅”的淮海路相融合，充分体现了改革开放以来上海市民的生活风采。1996 年被评为上海十大城市雕塑项目之一。

然而雕塑诞生以后却屡遭厄运，历经坎坷。1996 年初的春节，仿铜玻璃钢雕塑《打电话的少女》正式落成；1998 年某日遭盗窃者将塑像放倒，因被及时发现偷盗未遂，随后雕塑用材由玻璃钢换为铸青铜；2000 年春节期间铜像整体被几名拾荒者堂而皇之拆下盗走，青铜被轧成碎块变卖，案件四年后被侦破；2000 年 5 月 26 日贵阳市民严先生向警方举报铜像现身贵阳一家酒吧门口，上海警方即刻派员前往，经查只是一个粗糙的仿制品；2000 年 10 月 16 日，某文化传播公司特别策划“找回失踪打电话的少女”公益宣传活动，由真人扮演铜像站立原处，众多市民驻足围观；2004 年 5 月，原处公布

◀ 坐落在淮海中路茂名南路口的《打电话的少女》雕塑

三个重塑方案，征求社会意见；2004年6月上海城市雕塑展览会隆重举行，勾起人们对《打电话的少女》的深情眷恋，重建呼声高涨；2004年8月12日，经公安部门艰辛缜密的侦查，最后一名盗窃犯罪嫌疑人落网，案件最终告破；2006年5月24日用镍白铜重塑的《打电话的少女》回到公众视野，受到欢迎；2008年1月21日，雕塑中投币电话的基座部分被盗；2008年2月15日，电话基座重新复位，雕塑的主体部分也进行了维护保养；2010年1月27日，雕塑又突遭毁坏，“打电话的少女”躺倒在地，被拦腰截断，一周以后迅速修复。之后，《打电话的少女》雕塑安然站立淮海路街边11年直至今日。她与川流不息的游客一起见证着淮海路岁月的变迁，也是人们来淮海路必看的景点。

各位读者，“少女”的经历给您带来些什么样的思考呢？

百年商号

有人说，淮海路街区的众多老字号，人们为之近悦远来难以忘怀，它们传承的独特产品、精湛技艺和经营理念，经受住了时光的复刻和提升的考验，留给人们历久弥新的体验和记忆，是优秀中华民族文化的承载者……

▲ 特色糕点巧克力西番尼

手指上的老字号印记

王孝敏

看到左手食指上的那道印记，常让我想起45年前初涉职场的经历，青春的我和青春犹存的我在此刻重逢问好，一起追忆那段纯真、好学、努力的时光。

1977年我中学毕业，按毕业分配政策，来到上海哈尔滨食品厂工作，上班就在淮海坊弄堂店。食品销售总店在繁华的淮海路上，经营各种夹心巧克力、花生酥心糖、西点、蛋糕、面包等特色糕点与糖果。糕点生产车间在店门面后，糖果生产车间在新乐路上一幢两层公寓房内，底层生产糖果，楼上包糖装盒。糖果车间距总店约900米路程，成品是靠黄鱼车运输到总店的。

▲ 淮海路上原哈尔滨食品厂门店

哈尔滨食品厂的产品以上好的品质、美味的口感、新颖的外观，受到大众的青睐。椰蓉夹心、巧克力胡桃夹心等产品被指定为上海特色食品招待外宾；1975年我国登山运动员攀登珠穆朗玛峰，携带哈尔滨食品厂的蛋糕补充能量，运动员给予

▲ 到哈尔滨食品厂购物的顾客络绎不绝

“登山蛋糕”的美誉；还有一种在蛋糕上加果酱、巧克力精制而成的点心，口感细腻、别具风味，备受顾客喜爱，上海人称为“西番尼”，“西番”意为洋人，“尼”即尼德兰（旧时北欧国家的统称），是20世纪30年代由荷兰人带来的多层蛋糕，“西番尼”三个字按上海话的读音近似“喜欢你”，很受恋人的追捧；哈尔滨食品厂的糖果，也是年轻人结婚喜糖的首选。

1993年上海哈尔滨食品厂被国家贸

▲ 哈尔滨食品厂生产的品种多样的点心

▲ 哈尔滨食品厂的工人师傅正在制作点心

易部认定为“中华老字号”企业。

地处上海闹市的食品厂，怎么起了个“哈尔滨”的名字？起先我也很纳闷，后来与老职工闲聊才知道：该厂创建于1936年，初创时名为福利面包厂，创办者是山东人杨冠林，年轻时曾在哈尔滨和海参崴学就一身制作面包的好手艺。来到上海创业后，不但运用自己掌握的技艺，还广纳名师高手，生产各种俄式面包、蛋糕、点心、饼干等，因为对哈尔滨特别的情愫，所以改名为上海哈尔滨食品厂。那些年，哈尔滨食品厂的产品香飘四邻，令淮海路异域风情倍增，成为几代上海人美好的记忆。

我当年在糖果车间学徒三年。糖果车间由糖果、花色两个部分组成，后者是前者的升级，也是用来生产高档糖果的，我拜过两位师父。

我的第一位师父是武国兰。她是回民，我也是回民，故武师父对我偏爱有加，她话语亲切，指导耐心，消除了我初到岗位时的紧张。制糖工艺中的烧糖、冷却、翻

▲ 哈尔滨食品厂糖果包装车间绘图

滚、拉糖、剪粒、包糖等一系列程序都是必须掌握的基本技能。半手工半机械的流水操作中，拉糖、剪粒都是从左到右的，而我是个左撇子，要改掉从小养成的习惯很艰难。于是，我在日常生活中以坚强的意志力迫使自己多用右手，经过半年的努力，终于能用右手自如地操作制糖工具了。有一天快下班时，突然看到身边一位工友无意间将手伸向了下行的包糖机，我急忙扔下手中的活去拉她，不料机器切割刀正好划到我左手食指上，送医院缝了11针。手指被镌刻下了这个“老字号印记”。

我的第二位师父是诸伟民。他是特级技师，厂长。我是一年半后，被调去“花色”部门工作的。花色工艺是为满足消费者对高档糖果需求而开设的，生产纯手工动物巧克力和形象逼真的向日葵等开花糖，往往一上柜就被抢购一空。诸师父技术精湛，出自他手的糖果色、香、味俱全，特别讨人喜爱，尤其制作花色糖果中的色彩运用恰到好处，既严格符合食品色素的规定，又让粒粒果儿饱和度到位。诸师父毫无保留地把技术传授给我们，我也暗下决心一定要努力学到手。我每天从仓库领几块长60厘米、宽30厘米、厚10厘米的巧克力大排，放到固定地点，挥动大榔头敲成无数小块，放入一口加热的大锅，用手握棒不停地搅拌，慢慢变黏稠，略冷却后装入裱花纸筒，做成巧克力纽扣，裱到模具中，动物巧克力就形成了。巧克力的香气带走了每天的枯燥。

▲ 登山蛋糕是1975年特地为我国攀登珠穆朗玛峰的登山运动员设计的

半年后，诸师父教我做开花糖，与做巧克力比，这难度大很多，没有模具，没有样板，还需要颜色搭配和谐，拼接匀称。我苦练和琢磨着，遇到问题除向诸师父请教外，还利用休息日去图书馆查阅有关植物的书。一段时间后，我做的开花糖儿不仅花瓣对称，而且花蕊也圆润了，品种也多样了。每天收工时，看着自己精心“绘制”的糖果，20岁的我笑得很灿烂、很甜。

九层之台，起于累土。三年学徒是短暂的，左手食指上的印记陪伴我在老字号里学到的严谨、自律、精准、追求极致的精神，激励了我以后的职场生涯。

▲ 淮海中路古今内衣总店

“古今”是女人最长久的“闺密”

蔡小鸥

女人最好的闺密不是从小玩到大的伙伴同类，不是上下铺的舍友，而是一款亲密的文胸。每天十几小时做伴，她更懂女人。而“古今”则是上海女人最早的“闺密”，自从她来到女人身边，便不再离开。

▲ 1999 年 8 月 19 日，古今内衣首创内衣动态橱窗真人表演

20 世纪 20 年代中期至 30 年代初，白俄人纷纷来到上海的霞飞路（现淮海中路）开设食品、百货、美容厅等 60 余家商行，唯独没有一个销售文胸的店铺。虽然那个时代，上海的普通女子还以贴身小布头裹胸，不懂胸罩为何物，但那些时髦女郎和外国女郎却都有这个需求的呀。商机被一个俄国人发现了，他便在淮海路 865 号开出了“发艺”的胸罩店。店面只有一开间大小，工具也只有两台缝纫机，是前店后厂，为客人量身定制的营业模式。1956 年公私合营，“发艺”更名为“古今胸罩店”，最初的产品是棉布材质。

“古今”量身定制的特点，在同行中独树一帜。小小的一个门面，却慷慨地辟出一间试衣室，为顾客提供量胸围、测胸型、帮试样、教穿戴等一系列服务。古今罩杯的大小是以罩杯线圈数来区分的，线圈数以单数设计，数越多罩杯就越大，因此尺码比较细致，常被用作哺乳期的需求。20 世纪 80 年代末期，我曾因需在“古今”走了服务流程买过所需。之后为了备需，又不方便抱着小毛头前往，便商量着请夫君代劳。他一听立马炸了：“啥？侬叫我去格种地方？！”不然呢？在家抱小毛头。

他权衡了一下，留给我一个视死如归的背影，奔赴战场。尽管已有心理准备，但一见店堂满屋的妇女，当场吓昏。刚要转身开溜，却被眼尖的营业员逮住了，她放出声音的长线，越过妇女头顶喊道：“这位男同志，要买啥？”

这下，没法走了。不然要被误会成变态男的了。夫君赶快递上写有尺寸的小字条，同时也自动递上了解释：“给我老婆买的！”速战速决，货到手后出门，鬼鬼祟祟地前后一通张望。幸好，没遇熟人。低头快闪！憋气回家立地宣言：打死也不会再去！

“古今”的产品响亮，广告也响亮，且一则比一则惊艳！1996年，一则“古今胸罩，一戴添娇”的广告语横空出世，由此焕发了新生命。产品从单一的布制文胸推出了蕾丝文胸、睡衣裤、泳装、沙滩装、调整型衣裤等多个系列；1998年，一则“16万诚聘‘古今’产品形象代言人”的招聘广告，再掀惊浪，市民们至今还记忆犹新。当时，全国应聘者有几百人，经过五关斩六将等一系列考核、激烈竞争选拔中，最后，25岁的大学健美教师郝茹莎因漂亮、健康、肤白、走台感觉好胜出，成为“古今”形象代言人；1999年，“古今”竟在橱窗里进行了国内首创的内衣动态真人表演。那天人潮人海，男性围观者特多，场地几度沸腾，引发了道路阻塞。因此，活动只进行了一天，便取消了。

▲ 风靡一时的广告语“古今胸罩，一戴添娇”

“古今”，从开创到现在的不断变化、创新、发展，从一个门店发展了连锁门店，至今国内外已有几千家门店。总店也扩大了，吃掉了东边的沪江美发厅，吞下了西边的服装店，门面从淮海中路857—871号，再拐弯到茂名南路。远远看去，长长一大排。招牌也够霸气：只见“古今”独立，不见“文胸”跟从。“古今”早已成为文胸的代名词了，不用拖泥带水再三说明了。

想起“沪江”师傅说过，他们曾有意

▲ 上海古今内衣集团有限公司

▶ 1996 年 6 月，在上海市浦东新区全额投资建造内衣制造厂，揭开了古今商业办工业和工贸为一体的历史新篇章

▲ 2014 年 9 月，古今内衣上海旗舰店盛大开业

“吃下”“古今”，现实却是，被“古今”拿下了，有了点戏剧性！

我跨入七开间门面的“古今”，见店堂宽敞明亮，大堂中间，从一楼直接挑空到三楼，气派华丽。在门口碰到一个 70 多岁的 W 阿姨，是“古今”30 多年的用户，她和我一起坐电梯去二楼。二楼的产品是以“古今”为核心的新品牌，女孩品牌“古今花”和男装品牌“古今龙”等。产品新颖多种，但还保留着老款专柜，为顾客量身的传统也一直保持着。W 阿姨在试衣室里被营业员刘小姐量好了尺寸，走出来当即买了好几个。刘小姐说，老款销路不错的，买者多为上海阿姨，有特殊需求的还可以去三楼定做。

“古今”最早立足于上海的文胸专卖店，由俄人创办开拓，国人发扬光大。她引领上海女人从贴身马甲、棉布文胸、蕾丝文胸、功能性文胸的蜕变过程，是女性内衣进化的里程碑。近 90 年的贴心陪伴，极尽温柔，是女人最好的闺密，是女人心胸绽放最长久的一朵玫瑰。

▲ 沪江美发厅绘图
▶ 南昌路 183 号的沪江美发厅

沪江美发厅似一匹黑马

蔡小鸥

在 20 世纪中叶的那些年，理发店基本以国营店为主，是按等级从高到低特、甲、乙、丙、丁五等 10 级来区分的，且根据等级统一收费。师傅也是有特级、高级技师等不同级别之分的。1993 年，在特级的前面又冠上了“超特级”，能被评上“超特级”的也只有“沪江美发厅”“新新美容城”“华安美发厅”“南京美发公司”四家。这“四大名店”在行业中的地位，有如上海市重点中学之重的“四大名校”，成为同行中的重中之重，傲踞首位。

沪江美发厅在行业中起步不算早，却似一匹黑马，以加速度超越了同行，飞奔领衔。创始人蔡万江是扬州人，1917 年出生的他于 1931 年来到上海理发店工作。1940 年与人合股，在茂名南路锦江饭店的外围店廊，开设了“沪江女子烫发美容”并任经理。蔡师傅首创的女子烫发“三不走样”（反复梳理不走样、修剪成形不走样、吹风成形不走样）成为行业技术的标杆。他设计的“波浪式”“花瓣式”一度风靡街市，受到明星、时髦女郎的青睐。蔡师傅则被誉为行业中的“四大名家”之一。1963年上海理发技师工资调整，蔡师傅的工资被调到130.5元，为同行名家中的最高段位。

1982年落户到了淮海中路857号时，“沪江”的“长波浪”已名扬上海滩，爱美女士纷至沓来。邻家有个时髦妹妹，每周换乘两部公交车光顾“沪江”。她体验了别家店后做了比较，得出了结论：“沪江做的长波浪，不怕睡压很牢固，越梳理越自然，一周后也不会变形，是别的店家没法比的。”

20世纪90年代，“沪江”营业区域扩展到了3楼，面积为400平方米，但是每到过年，还是容不下众多客人，顾客从门口开始排队一直拐弯到茂名路，足有百米多长，顾客以10个一批地放行进店。

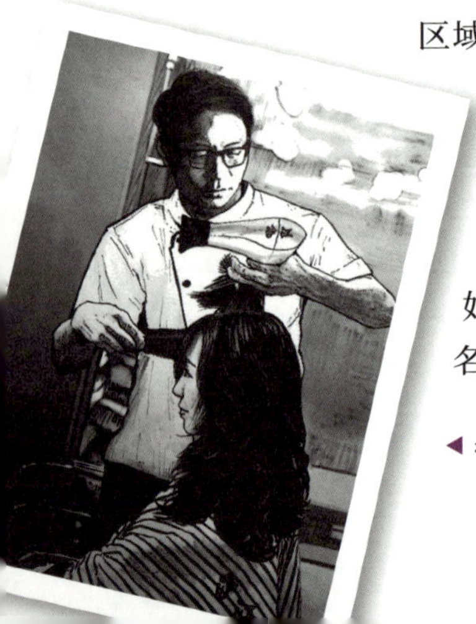

沪江美发厅绘图

或许，马儿跑得太快，一下跑完了终点，“沪江”的高光时段在2001年戛然而止，似云端坠落的陨石，落地碎成了几片。“碎片”滚落在南昌路、嘉善路等几处。

南昌路是一条历史底蕴与时尚情怀并存的马路，与淮海路平行，却低调了许多。六年前徜徉南昌路，见一栋老房子门口排着长长的队伍，一个驼背男子在火炉前熟练地翻起一只只饼。得知，是上海著名的“阿大葱油饼”店。一路荡过去，意外发现了掩映树下的两爿沪江理发店。我随意进入其中一家，店堂很小，店规却全。剪发修面、同款工作服、收银台等一件不落；工作作风也一如既往地秉承不温不火的国营风格。陈师傅说，淮海路关门的同年，这里就开张了，师傅们都是老“沪江”。

“沪江”师傅的手上功夫扎实，都是吃过“三年萝卜干饭”（学徒生涯）修炼出来的。虽然理发费用不便宜，但还是有客人从植物园、松江、昆山等远道而来。

陈师傅说，理发技师必须经过多年的

点点累积，才能成为大师名师的；他从16岁开始做理发这个行当，跟随他最长的客人快有50年了；常师傅今年56岁，1983年顶替父亲进了“沪江”，下岗后便自立门户，预备到70岁就“金盆洗手”。

有戏言道，最不移情的关系在于理发师与客人之间。60多岁的苏阿姨在20世纪90年代结缘“沪江”，便不离不弃地从淮海路追随到了南昌路，搬家到七宝还是“不远万里”奔赴“沪江”。她叹道：“噶出名的老店在上海滩说么就没么了，老可惜额！”

师傅们终究要老去，私营的“沪江”没了传承人，也必将会关闭，曾经的“四大名店”，其他三店都还安在，唯独“沪江”，闭店已20年整了。什么原因呢？众说不一，版本多样。

店铺，还在从商经营，只是移了主。个中缘由，是一曲无言的结局！开创人蔡万江，泪流黄浦江，心伤太平洋！

21世纪的理发店已是连锁、加盟私营店的天下，店名非“京都”即“米兰”，

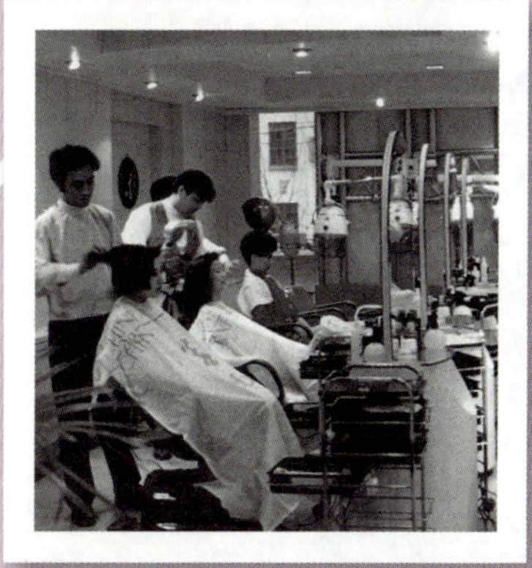

▲ 当年沪江理发店内的场景

发型师头顶七彩“鸡冠”，个个是“首席”“资深”“总监”。这些头衔由谁封的呢？哪个来得更高级点呢？顾客永远是“月朦胧鸟朦胧”。

我一一去了不同的“沪江”。店面的大小不同、装饰有别，但却一致地贴有“国家级高级技师”“国家特级技师”等字样。这许是对行业规范和过往荣誉的最执着的坚守！

注：文中资料参考《上海饮食服务业志》《卢湾志》。

光明邨大酒家的招牌菜

朱亚夫

◀ 曾经的光明邨大酒家外景

“爷爷快看，那边这么多人在排队，肯定有好东西卖！”那天，我领着读小学的孙子闲逛淮海路，孙子指着不远处的光明邨大酒家，对我这样说。

小孙子说得没错，在光明邨大酒家门口，每天都有长长的队伍在排队，等候购买该店出产的特色点心和熟食，这已构成了热闹淮海路上的一道独特风景线。

光明邨大酒家的前身是1956年成立的以经营各类大众化点心为主的淮海食堂，地处淮海中路腹地，1960年变更为国营企业，店名正式改为“光明邨点心店”，以供应特色面点著称，曾经是“上海市饮食公司传统面点定点供应单位”。1993年全新的光明邨大酒家在原址开张迎客。新世纪前后，还曾推出过特色寿宴，吸引了许多中老年人。我父亲的九十大寿就是在光明邨大酒家举办的。由大酒家派出司仪主持，寿宴办得热闹、开心、精彩，时任总经理董幼初先生身着唐装，还亲自挥毫献贺联，我清楚地记得，老父亲每每提起此事，都眼神放光，喜形于色……

经过多年苦心经营，现在的光明邨已华丽转身为综合型老字号的国家一级酒家，既供应特色卤味、风味小吃，又擅长海派本帮菜肴。其布局是一楼以“前店后厨、现制现售”方式供应外卖熟食、点心月饼、半成品系列；二楼休闲餐厅供应各式面点、小吃菜肴；三、四、五、六楼是中餐，传承上海菜肴和特色点心。由于用料精细、制作考究，因此，光明邨的中餐菜式浓而不腻，造型雅而不俗，保持了“浓油赤酱不失其味、酥烂脱骨不失其形、滑嫩爽脆不失其质”的本帮菜基本特征。因此在沪上可谓家喻户晓，口碑甚佳，先后获“上海市著名商标”“上海市精神文明单位”“上海市十佳商业服务品牌”“上海市五一劳动奖状”，以及共青团中央授予的“青年文明号”等多项殊荣。

光明邨的本帮菜肴名闻上海滩，那它的招牌菜又是哪几道？大酒家经理听后略一沉吟，推荐了三道招牌菜。

外婆红烧肉。红烧肉是上海家常菜，不少饭店都有此菜。但他们推出的外婆红烧肉，最能体现出浓油赤酱的上海特色，除了酒、酱油和糖之外，完全不加其他调味料，用上海话说就是“正宗”，完全靠火候功夫，做出肥而不腻、酥而不烂、甜而不黏、浓而不咸的味道来。

端上桌时，外婆红烧肉看似一块块，棱角分明，可只要一入口，马上就化掉；外婆红烧肉外实里嫩，香甜润滑，和北方常见的红烧肉不同，少了一分咸，多了一分甜，是油而不腻，鲜美可口，让你一饱口福，真正享受到舌尖上的美食。

响油鳝丝。江南水乡，黄鳝遍及河道水网，因此，江南名菜中有红烧鳝背、刺毛鳝筒、生炒鳝片、爆鳝丝、炒鳝糊等，而响油鳝丝本是沪上一道传统的本帮菜，可一经光明邨厨师打理，就风味独特，别

外婆红烧肉

开生面了。

因为响油鳝丝贵在“响油”上。他们选料新鲜，烹饪讲究，在“响油”上做足功夫，每每在上桌前，将烧热的麻油淋在鳝丝上，只听得一阵噼啪之声，一缕香气冉冉上升，一盘美味佳肴就此呈现在你的面前。最后撒上些许胡椒粉和碧绿香葱，让您赏心悦目，胃口大开。

▲ 响油鳝丝

青蟹伊面。这是光明邨的创新名菜。因为“伊面”早有来历。传说伊面是清朝著名书画家伊秉绶发明的。伊秉绶，清乾隆十九年——嘉庆二十年（1754—1815），字祖似，号墨卿，福建汀州人，故人称“伊汀州”，乾隆进士，以“廉吏善政”著称。因好书画，故家中常有文人墨客吟咏唱和，厨师往往忙不过来。于是伊秉绶让厨师用面粉加鸡蛋掺水和匀后，制成面条，卷曲成团，晾干后炸至金黄，储存备用。一次，诗人、书法家宋湘尝过后，觉得味道鲜美，便说：“如此美食，竟无芳名，未免委屈。不若取名‘伊府面’如何？”众人击掌称妙。从此，伊府面流传开来，简称“伊面”。原来盛传方便面为日本首创，其实方便面之根还在中华。

光明邨在伊面的基础上，佐以青蟹，烧出的青蟹伊面，面黄、蟹青、肉白，色香味俱佳，好像鲤鱼跃过龙门，顿时伊面大放异彩，一道佳肴就此诞生。

光明邨大酒家坚持传承优秀，不断为品牌注入内涵，开拓创新，为满足上海市民的美食需求，他们还准备再开分店，让光明邨大放光明！

闲话红房子西菜馆

汪新民

▲ 以前的红房子西菜馆门面

▲ 红房子西菜馆

红房子西菜馆的香煎澳带配鹅肝

“老上海”提起“红房子”，会如数家珍般地拎出红房子医院（上海红房子妇产科医院）和红房子西菜馆，这是两个为数不多的上海滩留存的精品名牌。本文叙述的是红房子西菜馆的前世今生。

红房子西菜馆创建于1935年，初期店名“罗威饭店”（CHEZROVERE），坐落在繁华的霞飞路（现淮海中路）。创始人是意籍犹太人路易·罗威和他的法国夫人，其夫人对法式西餐驾轻就熟，看到当时的上海，由于白俄流亡者居多，俄式西餐盛行，连霞飞路都被市民唤作“罗宋大马路”，决心在霞飞路开设一家正宗的法式西餐馆。

这对夫妇在霞飞路975号精心创办罗威饭店，聘请上海法国总会的顶级厨师，推出法式西菜的特色服务——“上台服务”，即菜肴在厨房里加工成半成品，放在一辆有烹饪设备的手推车上，推到客人座位前，现场烹调成菜，既有观赏感，又能照顾到客人的“个性口味”，还突出了法式西菜“热”的风味。罗威饭店一炮打响，天天宾客盈门。

二战爆发，这对夫妇预感大难临头，把饭店转手给一个姓徐的中国人，但意籍犹太人还是被日军关进了集中营。抗战胜利后，路易·罗威从集中营出来，重操旧业，但原址已不能再经营，只得在靠近霞飞路（时名林森中路）的亚尔培路（现陕西南路）与蒲石路（现长乐路）交叉口附近选址开了家“喜乐意饭店”（CHEZLUOIS），依然经营法式西菜和意式西菜。饭店门面漆成红色的，由于饭店当年的好口碑，新开张的“喜乐意”名声在上海滩中高层人士中传开了。

上海解放后，大批洋人撤离，喜乐意饭店转手，由上海人刘瑞甫作为资方代理人继续经营。刘考虑用洋名已不适合局势打算改名，京剧大师梅兰芳当时寓居思南路，经常到喜乐意饭店“打卡”享用西餐，就出主意：我饭店洋名记不牢，只晓得“红房子”，现在解放了，干脆叫红房子西菜馆。刘瑞甫一听，正中下怀，从此，红房子西菜馆立足上海滩。

红房子西菜馆在沪上盛名天下，和法式西菜烹调精致、口味独特相关。法式西菜是一种菜用一种葡萄酒、一种调料烹制，决不能含糊。当年喜乐意饭店用法式名菜“焗蜗牛”招徕顾客，岂料法国进口蜗牛断档，大厨俞永利就尝试用其他原料替代，开始用田螺肉，烹制了“焗田螺”，但田螺肉老而无味。又试制“焗蛏子”，但蛏子肉天然淡性，虽嫩却不入味。一个偶然的机会，俞师傅品尝了圆蛤，茅塞顿开，用蛤蜊肉试制，又革新了配料，一道香味馥郁、味浓爽口、肉质鲜嫩的“焗蛤蜊”诞生了，并经久不衰，成为饭店的“看家菜”。此外，“红房子”的法式洋葱汤、芥末牛排、麦西尼鸡、奶酥焗桂鱼、火烧冰淇淋、沙勿来等均是脍炙人口、蜚声中外的名菜。

红房子西菜馆的意大利冰糕

红房子西菜馆在上海人心目中是西餐中的头牌角色，在国家领导人心目中同样举足轻重。陈毅任上海市长时，虽未到过“红房子”，却知晓红房子西菜馆的知名度。他调任国务院副总理、外交部部长后，有一次到上海视察，“微服私访”红房子西菜馆，他穿黑大衣、戴墨镜，一人闷声不响吃了一餐法式西菜。次日，又偕时任上海市常务副市长的曹荻秋再到“红房子”。陈毅曾到法国“勤工俭学”，熟悉法国菜，点的都是具有法国浓郁乡土特色风味的地道传统菜，恰恰是“红房子”的“看家菜”。这顿饭吃得陈毅拍案叫绝，声称还要来。

这一声“还要来”，在1959年的一天，陈毅真的带来了刘少奇、贺龙、邓小平等党和国家领导人，在上海市领导陈丕显、曹荻秋的陪同下，在红房子西菜馆用餐。

▶ 西菜之一

领导们用餐很是满意，临走与店内服务员一一握手道谢，并称赞“店小名气大”。

党和国家领导人到红房子西菜馆用餐，尽管当时不发新闻，但消息不胫而走，红房子名气更大了。1960 年，周恩来总理在上海宴请外宾，安排在“红房子”吃西餐，不知怎么消息传开了，“红房子”门口被市民围得水泄不通，不得已，临时改到锦江饭店，请红房子西餐馆的大厨、服务员带上原料、调料到锦江饭店为周总理掌勺。红房子西菜给周总理留下良好印象，从此，周总理在外事活动中多次向外宾介绍，“要吃西菜，上海有一家红房子西菜馆”。

改革开放后，西风东渐，红房子西菜馆的发展得到了天时、地利、人和的关照，享誉海内外。国内外很多著名新闻媒体都对红房子西菜馆做过专题采访报道。20 世纪 90 年代初，红房子西菜馆被国家内贸部评为第一批“中华老字号”企业。

如您欲领略红房子西菜馆的美味，就请到淮海中路 845 号和其他分店惬意品尝。

▲ 红房子西菜馆内景一

▲ 红房子西菜馆内景二

“淮国旧”忆旧

郑建华

有点年纪的上海人，对“淮国旧”多少有点印象。

“淮国旧”是淮海中路国营旧货商店的简称，是一个综合性的大商场，其名气之响，不亚于中百公司、永安公司等大商厦。

“淮国旧”的正门是两层楼房，有七八开间，屋顶上还有霓虹灯。两边有陈列商品的大橱窗，从中间的大门进去，是一个很大的商场，一直通到最北边的后门，出了后门便是长乐路。长乐路上还有许多旧货摊，是卖旧家具的，似乎也与“淮国旧”有关。

“淮国旧”经营的商品门类很多，除食品以外，从服装、日用品到手表、照相机、自行车、家具，几乎什么都有。

“淮国旧”商品的来源，一部分是市民在店里寄售的，也有商店从市民手中收购后出售的；还有一部分是企业委托商店处理的呆滞物资或不合格品（当时称为处理商品），因“淮国旧”规模大，又是国营单位，在这里买到工厂里的处理商品的机会要比到其他旧货店多得多，这也是人们热衷去“淮国旧”的原因之一。

从靠近淮海中路的正门进去，是出售小商品的，有日用品、旧衣服、文具、乐器等。从边上的楼梯上去，二楼是洽谈寄售和收购的，那时市民委托寄售日用品，估价后陈列在柜台中，成交后通知寄售人，商店收取7%的佣金，如果是容易脱手的商品，旧货店也肯直接收购，在估价的基数上再打八折，当场现金支付。

我上中学时，放学以后，几个同学相约回家，会舍近求远，到淮海中路绕个圈，走过“淮国旧”进去兜一圈，看看有没有用我们的零用钱买得起的东西。

记得那时的“淮国旧”，中间几个大柜台，是出售照相机的，这

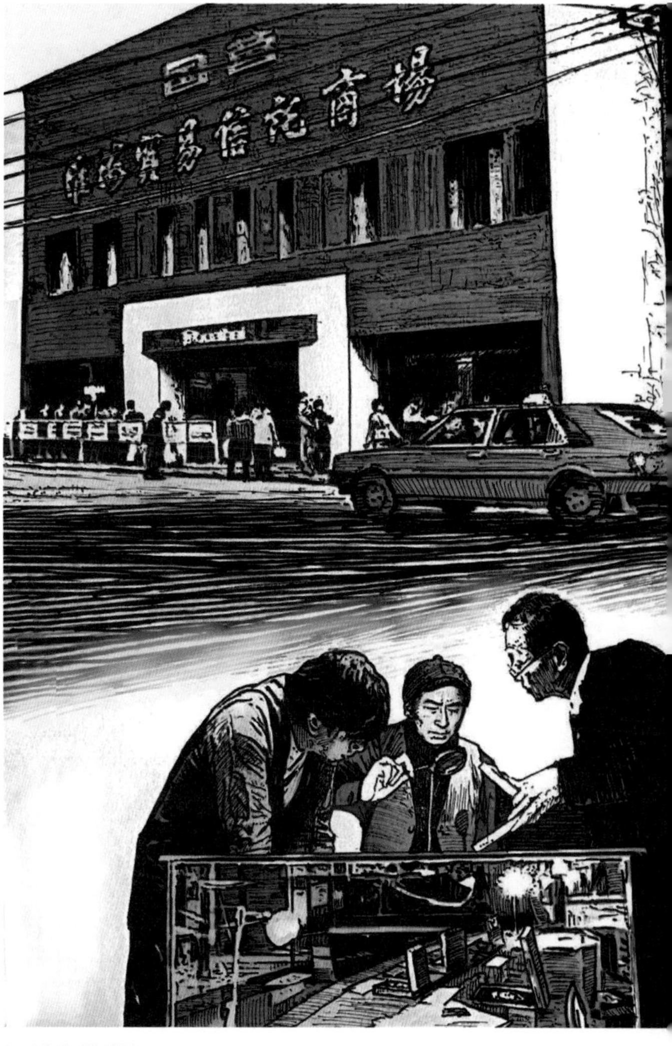

▲ “淮国旧”绘图

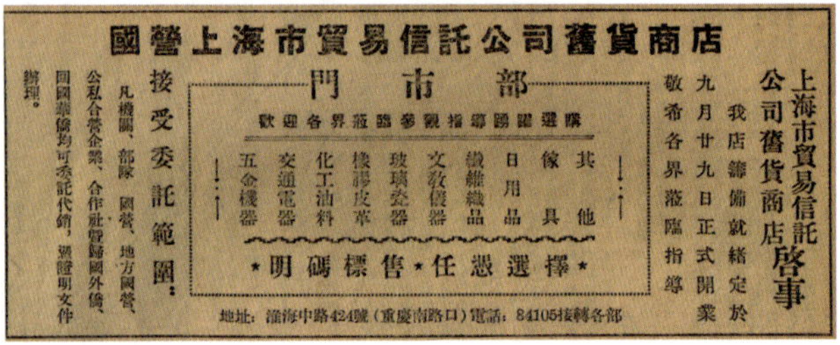

1954 年 9 月 27 日，《解放日报》刊登国营上海市贸易信托公司 旧货商店开业广告

是我们中学时代最爱去的。20 世纪 60 年代，市面上很少有新的照相机供应，即使有，也不是学生能买得起的，只能常到旧货店隔着柜台，透过玻璃观赏。“淮国旧”的旧照相机多，也有价钱便宜的，可以奓着胆子让营业员拿出来摆弄几下。记得有一次，我在那里发现有一架寄售的匣式照相机，是通用 120 型胶卷的，标价五元五角，便邀约了几个好同学来参谋，他们都怂恿我买下，回家向父母请示，结果被否决，理由是照相机不仅是一次性投资，以后还要不断地买胶卷，印照片，是个烧钱的玩意儿。当时一个胶卷的价钱是一元八角，每拍一次照都得花上两三元钱，父母自然不肯。我们几个同学合计集资买下这架相机，但苦于钱有限无法凑齐，只得作罢。以后我们还到店里来看过几次，直到这架照相机被人买走才死心。

20 世纪 60 年代后期，半导体收音机开始普及，“淮国旧”的收音机柜台热闹起来了，不再是成台的旧收音机的一统天下。那时学校已经不上课了，装半导体收音机成为男同学的一项重要活动，除了上牛庄路市场外，“淮国旧”也是“淘宝”的好地方，常会有紧俏的处理品半导体零件供应，甚至自己装了一半搞不了的半成品，或是几件不成套的零件，也可以放在“淮国旧”寄售。

“淮国旧”的北面是卖旧家具的，有成套的、单件的，自制的也可以放此寄售，本来我对这类东西没有兴趣，只是在20世纪70年代末筹备结婚时，因为登记购买家具时间过长，也关心过旧家具，但总归不大满意，还是横下心来等了一年，总算等到了新家具。

靠近长乐路后门的柜台是卖旧自行车的。20世纪七八十年代，自行车是要凭票供应的，拥有一辆自行车是很“拉风”的。“淮国旧”不但寄售旧车，还有新的自行车零件供应，精明的上海人可以在这里分几次淘来自行车零件，拼装成一辆杂牌新车，也是我们这代人十分热衷的事。

“淮国旧”供应的商品，还有一个诱人的地方，就是不用凭票证，只要有钱就可以买。所以有些布料、毛线什么的，质量并不怎样，但由于不要凭票，也能在短时间内销售一空。我曾在“淮国旧”买过一斤不要票但质量不那么好的灰色毛线，后来编织成一件毛衣，伴随我好多年。

建造南北高架时，“淮国旧”被全部拆除了。以后在济南路和打浦路还出现过几家规模很小的旧货店，依然沿用“淮国旧”的店招，现在也改换门庭了。近日在顺昌路上看到一家规模不大的旧货店，仍然挂着“淮国旧”的招牌，可见其火种犹存，不过早已今非昔比了。

淮海路的咖啡馆

陈茂生

从1886年第一家咖啡馆开张，到以8200家咖啡馆的规模雄踞世界第一，时光流淌了近140年。而在最初的60多年里，被称为“霞飞路”“林森路”的淮海路诞生最初的海派咖啡，并孕育了独具特色的海派咖啡文化，至今仍是一条“被咖啡飘香”的时尚之路。

◀ 霞飞路643号（今淮海路）“特卡琴科兄弟咖啡厅”，是上海最早的露天花园餐厅

上海开埠后，“老外”渐多；咖啡仅为西餐店的餐后饮料，没有独立的咖啡馆。1853年，英国人莱维林将一种又苦又涩又香的褐色豆粒放上自家的“老德记药店”货架；让周围一群金发碧眼的邻居在家也能喝上一杯，解渴也纾解思乡之情；货名是“考非”“架啡”或“高丕”已无从考证，而率先“嘬”过一口的上海人则一语概之“咳嗽药水”。

尽管鄙夷之态明显，但在华洋交错的城市，仍有不少上海人慢慢接受了咖啡。1887年刊印的《申江百咏》中就有一首亦庄亦谐的打油诗：“几家番馆掩朱扉，煨鸽牛排不厌肥。一客一盆凭大嚼，饱来随意饮高馡。”此处“高馡”即咖啡。1909 年的《海上竹枝词》也有诗句 “考非何物共呼名，市上相传豆制成。色类沙糖甜带苦，西人每食代茶烹”。作者没有想到百余年后，会有如此多人每日不可或缺一杯、几杯咖啡。

据记载，上海首家咖啡馆在粤籍人士集聚的虹口开业。1920 年，早年留学日本的田汉归国后创作了轰动一时的独幕话剧《咖啡店之一夜》。剧中描述的“正面有置饮器的橱，中嵌大镜。稍前有柜台，上置咖啡、牛乳等暖罐及杯盘等……瓦斯灯下黄白睁眼，两壁上挂油画……”是当时咖啡馆的典型摆设。

一战结束后，大批俄罗斯难民抵沪并集中居住在法租界，最多时有两万之众，1931 年 1 月 7 日报上刊登署名阿 · 费 · 彼得罗夫的文章里写道：“条条大路通霞飞路。”霞飞路被称为“东方圣彼得堡”“东方涅瓦大街”，而上海人则称为“罗宋大马路”。为了生计，俄罗斯侨民相继开设众多商店、咖啡馆等场所，形成具有斯拉夫风格和法兰西文化的霞飞路商业文化氛围，并渐渐影响上海市民的生活潮流。

据不完全统计，至 20 世纪 30 年代霞飞路两侧有咖吧、酒吧百余家，是当时上海咖啡馆最密集的马路。其中，较著名的有 DDS、卡夫卡斯、文艺复兴、君士坦丁堡、雷勃斯咖啡馆等。装潢具有浓郁俄罗斯情调、高靠背火车座位式包厢、金发碧眼的白俄姑娘任女招待，提供地道俄罗斯风味“罗宋汤”等菜肴，成了街头巷尾的热议。1934 年，民国诗人林庚白写了一阕《浣溪沙 · 霞飞路上的咖啡座》：“雨了残霞分外明，柏油路畔绿盈盈，往来长日汽车声。破睡咖啡无限意，坠香茉莉可怜生，夜归依旧一灯莹。”如今读来仍可感受个中千般婉转的情状。这里每天都有各式领新人物、新潮服饰、商贸洽谈、文艺活动、聚会聊天；在近代上海城市生活中承担了多种社会功能；舶来的咖啡逐渐与这个城市文化交融蔓延成有特色的咖啡文化。

1946 年前后，夏衍居住在淮海路附

近，常在附近的 DDS 咖啡馆会见友人或记者，因此 DDS 被称为“夏衍会客室”。这家咖啡馆的特点是咖啡都在吧台上现煮现卖，煮时一缕蓝色火焰格外夺目，幽暗的店堂清香满室。其时夏衍在上海报纸辟有杂感专栏《蚯蚓眼》，很多短小精悍的文字都是就着咖啡香味写成。

1947 年的二三月间，打入国民政府社会局的中共党员李剑华数次到霞飞路 772—774 号的卡夫卡斯咖啡馆 (KAVKAZ CAFE)，传递情报、与敌特周旋。而在不太远的大世界附近的“大中华咖啡馆”就是中共地下联络点，内部设置为火车座位式样，顾客互不干扰，便于开展谈话联络。

20 世纪 60 年代，著名记者和作家曹聚仁先生在香港写了一篇《文艺复兴馆》的短文。其中写到 20 世纪 30 年代，曹聚仁时常去咖啡馆参加文艺人士的聚会：“有一个时期，几位朋友带我去‘文艺复兴’（RENAISSANCE）(门口没有中文，只有这么个洋文）。我们谈新文艺的，对于‘文艺复兴’当然懂得。这一文艺运动，乃是近代文化的初潮，一种黎明气息，我们也把 19 世纪末期以来的文化运动，称之为启蒙运动。哪知，这是一家白俄开的咖啡馆，他们所谓‘文艺复兴’，乃是向往帝俄王朝的重来，有如今日‘忠贞之士’的梦想。”

到抗战结束后，这些原本为外国老板的咖啡馆陆续转由中国人经营。

经过 20 世纪五六十年代后，淮海路上逐渐陨落的咖啡馆开始复兴。与进口品牌速溶咖啡平分天下的是各种特色咖啡馆、独立咖啡馆、社区型咖啡馆、咖啡书店、咖啡外卖窗口店等。有人做过测试，在淮海路口打开手机搜索，会发现在 1.5 公里范围内咖啡馆不少于 50 家。如今更钟情各色咖啡的年轻人，即使在工作日双休日都去探访，也难跟上咖啡馆的扩张速度……就像在追一部永不完结的超长电视剧，一路开心但永远没法给出最后结论。

城区变迁

有人说，城市的空间是靠马路来延伸拓展的，在建设者挥洒智慧、大展宏图的神奇运作下，以淮海路为主干道，衍射窄路深巷的枝节脉络中，你会观赏到街区构建的蝶变，触摸到城市生命的律动，感受到尘世浮华的掠影……

中国现代法制起步之一斑

苏秉公

◥ 曾经的法租界会审公廨外景

▼ 法租界警务大楼旧址

◢ 法租界会审公廨开庭时的旧照

中国古代法律不受宗教影响，强调遵循礼教，维护纲常。法律以君主意志为主，即所谓“法自君出”。皇帝掌握国家最高立法权，又拥有最高司法权，可以法外用刑，也可法外施恩。各地的衙门官吏在审理案件时，徇私枉法、任意滥断是普遍现象。文中这张清末老照片中，官员高坐公堂，平民跪在地上，不敢抬头，听凭发落，生动体现了当年升堂审案的情形。

1845 年起，上海的租界相继辟设，租界成了中国人了解和学习西方文化的窗口，中国传统的司法体系受到了西方现代司法制度的挑战。经过中西双方的博弈，租界里大量移植西方现代法律法规，使上海租界法制在全国率先迈出了现代化的步伐。学者们认定：中国法制现代化的进程始于租界。

◀ 中国古代县太爷审案图

上海租界的现代法制，主要表现为现代的法规体系、巡捕制度、审判制度、律师制度和监狱制度等。黄浦区建国中路一带是原法租界司法机构的集中区域，也是目前上海老司法建筑集中留存最多的地方。如今漫步徜徉于此，仍可感受到中国司法现代化起步时的蹒跚步履。

一、建国中路 20 号是原法租界会审公廨旧址。在会审公廨里各类民事、刑事案件均由租界领事与上海道台各派一人主持，共同坐堂听讼会审，当事人有律师辩护，证人要到庭接受交叉询问，不能对被告人当庭使用刑讯方式取得口供。这些改变意味着上海以其海纳百川的博大胸怀，吸纳了西方现代司法体系的精髓，将自身审判体制开始由“升堂”向“开庭”迈进。

二、建国中路 22 号是原法租界警务处旧址。租界辟设时有“设立更夫或巡捕”的规定，寓意着上海租界内现代警政制度的建立，同时设置了现代警政机构和人员。以前的上海只有更夫在夜间报更鸣

▲ 建造之初的安南村

▲ 1929 年加层后的法租界警务处大楼

警，没有巡捕。巡捕是现代的武装警政人员，性质与更夫完全不同。为了便于行使职责，巡捕有西人也雇用当地华人。巡捕制度是租界内现代司法制度的重要组成部分。原法租界警务处旧址是上海目前保留最完整的原巡捕房建筑。

三、上海法租界会审公廨监狱遗址。该监狱于 1911 年竣工使用，位于建国中路、思南路口东北角，今已湮没。与中国传统监狱偏重惩罚、忽视人权相比，租界里的监狱逐步出台了一些现代监狱管理制度。对监管人员的职责、监所的分类、囚犯的待遇、监室的卫生、苦役的判处等，都有了明确的规定。这些规定，起码在法规上体现了监狱维护人权的现代理念。

四、安南小学及安南村旧址。上海法租界因人手不足，从所属殖民地越南（安南）招募巡捕。思南路 97 号安南村是当年租界警务处为安置安南巡捕及其家人建造的。安南村内建有一所小学，名为“安南小学”，专供安南巡捕的子女上学。公共租界招募的印度巡捕头缠红布，人称“红头阿三”；而法租界“安南巡捕”是头戴斗笠的。如今这里依然是一个居民小区。

五、复兴中路 301 号上海律师公会旧址。上海租界吸纳西方的审判理念之后，

聯省自治協會之動機

聯[illegible]已成爲政治上一種普遍的空氣、茲有熱心此事[illegible]蘇滬妻子諸君、擬約集京滬各界同志、發起一聯省自治協會、研究聯省建國之具體辦法、以定國家根本組織、此事着手已久、近來贊成加入者益衆、聞不日將正式發起、發表宣言云、

法公廨傳訊陳獨秀

▲七天宣佈堂諭

法捕房探目黃金榮等、前在法租界環龍路漁陽里二號門牌陳獨秀家、抄出社會主義・共產主義・工黨主義・新青年・等書籍、以其有過激行爲、將陳及其妻林氏並牽涉人褚輔成牟有德楊一生胡樹人等傳解法公堂、判陳交人銀並保、除均交舖當保出外候核、昨日傳訊、被告由巴和律師代辯稱、此案捕房以被告編輯新青年等書、有違法總領事禁令、及違背二百二十一條刑律、故將被告及牽涉人一併逮案、然新青年一書、現在廣東省發行、被告雖收藏此項書籍、然無發賣行爲、亦無過激主義、現今捕房抄案之書籍內、半係商房客遺存、照約法上規定、對於思想自由、不能成立有罪、至於工黨主義、係被告稱李主張、並無過激行爲、亦無擾亂治安意義、應請堂上將案註銷、詰之陳獨秀稱、新青年書籍、係在廣東出版、上海並不發賣等語、繼由西探上堂稟稱、現在陳家抄出圖章兩個、上刻[illegible]界漁陽里編輯部等語呈案、[illegible]讞員商之法正領事德君、判陳交原保、候七天下堂諭、牽涉人褚等五人、無干退去、

聯合通信社云、法租界巡捕房控告陳獨秀有擾亂治安之嫌疑一案、昨正午十二時開審、法領事對陳君非常禮遇、命人持椅請陳君坐談、原告捕房無所攻擊、被告律師巴和陳述案情、謂本案捕房控告兩點、㈠被告主撰之新青年曾奉公堂諭令遷移、不應再在租界發行、㈡被告著作危險文字、有擾亂治安之虞、查所控第一點、新青年自奉堂諭遷往廣東印行後、被告並未在租界發賣、捕房亦未得有發賣之證據、當然不成問題、第二點指「勞動界」一種、係前由新青年經售、非被告著作、且自新青年社奉諭遷移後、即停止出版、至新青年雜誌、係研究

普平價出讓

▲ 法租界会审公廨传讯陈独秀（民国十年十月二十日上海《申报》）资料图片

◀ 今日安南村

▼设在广慈医院里的病犯监狱

◀ 上海法租界的安南巡捕

也开始引入现代律师制度。1912 年上海律师公会成立，1928 年搬入这幢新落成的大楼，这里便成为中国律师的重要发源地。上海抗战爆发前个体律师已达 1340 人，是国内规模最大的地方性律师群体，律师公会成为他们的“家”。在保护律师合法权益方面律师公会发挥了积极的作用。现在复兴中路 301 号楼产权归工商银行，作为“银行博物馆”使用，其中部分区域辟为“上海律师公会旧址陈列室”。

此外，这一带还能找到：法租界西捕宿舍、警察俱乐部、违禁巡捕羁押所、法租界警务总监住宅、法国兵营及法军司令部等机构的遗址或尚存建筑。上海解放后这里依然集中了一批市、区的司法机构至今。我们说法制是社会公正的保障，建国中路一带司法机构的出现及其跌宕起伏的历史演变过程，涉及许多历史人文故事，是中国社会发展及法制进步的见证，也是中国法制现代化起始地的缩影。

南昌路：蝶变街区的美丽时光

米文蕾

▲ 南昌路街景

▲ 南昌路泰戈尔塑像

一本新青年开风气之先 / 两个渔阳里育初心火种 / 多处老建筑话百年风云 / 百位文艺咖荟衡复文蕴。

东西走向的南昌路，辟筑于 1902 年，地处上海衡复历史文化风貌区，全长仅 1690 米，从地理位置上被标注为繁华的淮海路商圈的“后街”，却始终静谧美丽。这条梧桐掩映的小马路上，不仅有中国共产党发起组成立地（《新青年》编辑部）旧址，还坐落着科学会堂等历史建筑；孙中山、毛泽东、陈独秀曾在这里初燃时代战火，巴金、徐志摩、傅雷、林风眠等文化艺术名人都曾在南昌路居住生活，厚重的文化氛围和历史感赋予这条小马路独特的气质。淮海路的时尚活跃外溢到南昌路，历史与现代两种元素在这个街区互相碰撞、交融，海派风情与市井烟火在此交织，相融相生。

然而历经 100 多年“烟火气”洗礼的老弄堂，存在着各种各样的短板和烦恼，如空间逼仄、没有独立厨卫、弄堂上空如蛛网般的各路线缆、楼道杂物堆积等，一场新冠疫情炙烤着本不赚钱的沿街小铺……面对“有风貌缺配套，有味道缺腔调”的街区现状，街道办事处该如何做好街区有机更新，提升居民生活品质？“治大国若烹小鲜”，基层治理则更需要有“烹小鲜”的耐心与匠心、不断创新的治理方式方法，才能更好地达成为民服务的初心。

2018年起，黄浦区紧扣社区群众改善居住环境主题，小处着眼、细处入手、见缝插针、因地制宜，积极探索精细化管理新模式，推进街区风貌整体焕新，努力烹好基层治理这道“菜”，烩制出让群众幸福的味道。

工欲善其事，必先利其器

如果把这次街区焕新比作法式大餐，那些老建筑就是承载的餐具，精致是必须的。老建筑的保护，除会唤起绵长的生活记忆，更关联着当下的生活品质。本着房屋修缮既有颜值又有内涵的思路，对不同类型建筑“逐寸逐项”地保护性修缮，唤醒肌理之美；微环境重塑渗透里弄公共空间，更扣住百姓居住空间的舒适度，一项项修、一项项改。

“一幢数策”的房屋保护性修缮方案，兼顾原始风貌保护和居住舒适度，好看也好用。充分发挥“梦想改造家”的奇思妙想，对老旧脏乱的公用厨房间、卫生间进行整体设计、出新改造，逐步改变“油烟排不出、墙面油渍厚、浴缸跨不进”的状况；即便是一个不起眼的空调室外机架也蕴藏匠心，除了颜色、样式上尽可能低调，不破坏整体的美观，还在机架的底部特意打了一排小孔，避免下雨机架积水，在建筑的外立面上留下水洇。修缮

▼ 墙绘艺术令人耳目一新

转角遇到音乐

只是第一步，不让小区各种违章、违规行为返潮、管理和秩序不倒退，持续保持干净、整洁、和谐、有序，才是焕新的核心意义。管理之本在于标准清晰、考核明确，为此出台的《瑞金二路街道环复兴公园风貌精细化管理工作标准》，涵盖32项美丽家园物业管理和平安建设标准，18项美丽街区标准，积极探索全域监控智能升级，推进垃圾分类、建筑保护、停车规范等管理难点的场景应用，实现社区各类案件发生处置闭环监管。

把握“火候”精准“配菜”

法式大餐注重烹调火候，讲究菜肴的鲜嫩，如画的菜肴要满足视觉。南昌路街区的美，不只是建筑姿态、生活形态，还有沿街那些充满烟火气的业态。不少小店店主选择在南昌路落脚开店，理由是喜欢南昌路的文化氛围。如何将百年南昌路变得更有魅力，如何让烟火杂货铺和时尚网红店都能找到各得其所、相互投契的氛围？对于老街区的更新重塑，从街区视觉观感开始，坚持修旧如旧、清水墙砖、水沙石墙面配上统一的深色窗框和黑漆铁门，看起来外观完整，兼具历史的韵味。沿街围墙统一落下 70 厘米，商铺门口成为半开放式空间，增补墙面绿化和街角花艺造景，透绿透光展开美学营造。

鼓励每家店铺结合自身特色，遵循“店招导则”等南昌路特有的商户自治公约，对门头和店招进行个性化设计，既各美其美，也确保整体面貌和谐。以变电站墙面为画布创作的巨幅彩绘，改造“口袋公园”等步入式花园，在本就拥挤狭小的弄堂区域间“硬挤”出的一小片绿化空间，在“麻雀之地”还绿色于民，还空间于民。墙内安居、墙外乐业，如今的南昌路，正可谓每走一次就多爱它一分。

◀ 年轻人在咖啡店享受惬意休闲

调自治之料 烹共鸣之肴

自治、共治力量是“法餐”必备的调料汤汁，满足各方需求，入口的美味满足味觉。南昌路街区在发展中所经历的复杂过程，不仅增加自身魅力和底气，也为实现多方参与的治理模式提供了土壤。由专家学者、律师、社区居民、商店店主等组成的环复—南昌路跨界自治会，通过搭建议事协商平台，吸纳商铺加入并自建自治小组，凝聚商铺共识，形成《南昌路店招店牌设置导则》《跨界自治小蓝书》等自治公约，提升自律意识，自主开展街区空间共享，步入花园集市，有力推进营商环境。

有参与度才有满意度，让围墙内的居

民“安居”，在依法依规的前提下，通过公房公司管理权利适度让渡，建立以居民自治为主的议事大会及公房代表参与的执委会架构，使公房居民也有物业管理监督权和发言权，居民就小区物业管理得以更直接的沟通与监督，参与家园自治的路径得以畅通，公房居民真正在自我参与中实现自我“安居”管理。

“法餐”最佳拍档是咖啡文化，扑鼻的香味满足嗅觉。或许是街区气质因素，疫情后，咖啡店如雨后春笋般出现在南昌路街区，居民说“每天是闻着咖啡香气醒来的”。根据商铺特点，引导咖啡商铺成立“金咖联盟”，将分散街区内、隐藏在深处的宝藏咖啡店有效聚拢起来，形成优质的集群品牌，串起街区之间的咖啡空间，

▼ 漫步解读南昌路人文

▼ 南昌路 168 弄口袋花园

▼ 改造后的南昌路 74 弄

▼ 走读瑞金社区

▲ 自治家园执委会

▲ 南昌路 100 弄改造后

让老友相见、潮人打卡、工作商洽变成一场场咖啡雅集。在这里，咖啡馆既是社交工具，也是传承海派文化的载体。推出全新的“趣游环复艺术季”系列活动，让有趣的人在瑞金有趣的地方做有趣的事情，从而让街区变得有趣。街区内的市井生活和咖啡馆内的小资情调互文互补，共同丰富街区文化。

深秋，来到南昌路，时常可见穿着入时的年轻人端一杯咖啡，漫步于阳光中，站在人行道边，时而与人聊天，时而在光影斑驳中赏画，时而看街景“放空”。手里拎着菜的居民从他们身边经过，匆匆而过的行人、掏出手机拍照的游客，也在同一片梧桐落叶下，绘出一幅专属于上海秋日的烟火气。

南昌路街区风貌整体焕新，社区自治共治有力推进，街区安全管控渐为有序，社区多元主体归属认同感不断加强，衡复黄浦片区“十四五”规划正在继续，南昌路街区未来可期，期待在未来。所有来到南昌路、来到瑞金的人，对这里的气息、氛围、业态，都有一见如故的感觉，享受每一段与南昌路有关的美丽时光。

从『菜园子』到淮海公园

陆保尔

▲ 筹建时冠名为“嵩山公园”，建成后改名为“淮海公园”

清咸丰九年（1859），出上海城的仪凤门（西门），过万生桥、羊尾桥即可达晏公庙浜与打铁浜交界的太平桥，附近有陆家宅的菜园子和草顶泥墙农舍。

初夏的黎明前，陆家菜园里，一位年近四十的壮汉忙碌着采摘蔬菜，他将蔬菜整齐地码放在箩筐里，随后带领七八位菜农过了太平桥，又过社稷坛遗址，在靠近仪凤门的西门外市场，卸下担子，铺开地摊码放各类蔬菜。待仪凤门打开，城里酒肆、饭庄的采办、大户人家厨娘出城来买菜，此时，光顾菜摊的除了城里的市民，还有城外停泊在南长浜、肇家浜里的船民。这位菜农就是我的祖辈。

陆家种菜、卖菜起早贪黑日子艰难，正常年景是图个全家温饱。要是碰到持续阴雨菜烂在地里，或是干旱水位下降菜园里依靠水源的打铁浜干涸，人畜饮水仅靠井水，菜农生活将陷入绝境。如清咸丰十一年（1861）八月初三的一场强台风，狂风骤雨加上夜潮的大潮汛，江、河、湖、浜骤溢，水深丈余，城里街巷尽没，城外一片汪洋，陆家宅全部泡在水中，房淹田毁。

除天灾外，还有人祸。第一次鸦片战争英军攻陷吴淞炮台和宝山县城，1842年8月29日，清政府签订丧权辱国的《南京条约》，上海等五口被迫开放为通商口岸。1845年11月29日，清政府苏松太兵备道与英国领事共同公布《上海土地章程》，设立上海英租界。各国纷纷效仿，打着“机会均等”的旗号，在上海设立租界。1849年4月6日，上海道台麟桂与法国第一任驻沪领事敏体尼正式签字换文，上海法租界就此建立，此时的法租界虽然仅有986亩，但是其西面已达周泾浜的关帝庙、诸家桥（今西藏南路、桃源路），距陆家宅与陆家菜园（今普安路桃源路）仅一箭之遥，已是危在旦夕。

法租界当局尝到租界地价飞涨暴利“甜头”后，又在规划做大租界收入的“蛋糕”，一是在租界内“挖潜增效”，拓马路、筑码头、迁坟茔、建大楼，引起土地增值；二是在租界外“开疆拓土”扩大租界范围，攫取更大暴利。法租界当局惯用把戏，就是突破《土地章程》限制洋人在“租界外租地”，而采用死人当敲门砖，须妥善迁葬（原葬在）租界内的为清政府镇压小刀会起义过程中死亡的法军官兵，成为法租界当局“租界外租地”并建造“欧人公墓”的有效借口。英、法租界当局都

▲ 在淮海公园举办的上海民俗文化博览会

把目光盯上了既靠近英租界又临近法租界的陆家菜园。

同治三年（1864），法租界当局派道路检查员拉加塞，负责租界外买地事宜。拉加塞领命后，邀请在洋泾浜上的华人买办做翻译与陆家宅菜农洽谈购买菜园之事。陆家菜农坚决不同意出卖肥沃的菜园，更听说洋人买地是开设墓地，民众是相信鬼魂的，怕“洋鬼魂”作怪闹事。华人买办即找到上海县知县刘郇膏。

刘郇膏既怕得罪洋人，又怕上司怪罪。就将皮球踢给上海道台，推说县衙是个小衙门，无权过问外交事务，此事还是需要道台定夺。

法租界当局仗着出兵帮助清军攻占上海县城有功，既不把英租界当局放在眼里，也不把上海道台当回事，在告知上海道台需“租界外租地”后，即采用跳过上海道台审批、钤印的订立“租地契约”流程，由法租界当局土地部门根据土地出租方凭证、地保及上海知县签注证明土地真实性、土地出租方与永租方订立的草契，即可签发租借土地契约，俗称“公馆契”。这是法租界当局的越权行为，更是“丧权辱国”的罪证。

在拉加塞等强迫陆家“出租”菜园图谋得逞后，菜园里出现了一座“欧人公墓”，一条与淮海中路平行的小路，把南面的英人公墓与北面的法人公墓分隔开，小路的中间是一座英法合资建造的英式风格的小教堂，供两边举行葬礼使用。这个公墓被欧人称作“八仙桥公墓”，中国人则叫其为“外国坟山”。

由于公墓这个“飞地”孤悬租界之外，为了去“八仙桥公墓”，英法租界当局修筑了通往公墓的“坟山路”，是为“越界筑路”，英租界为了方便到墓地，还特意在洋泾浜上建了一座桥。这些都为以后的租界扩张埋下了伏笔。

陆家在被迫“出租”菜园后，又在南长浜北岸（今兴业路、马当路口）买了一块菜地种菜卖菜，但生活愈加艰难，陆家宅居民都认为“外国坟山”破坏了当地“风水”。他们将出现的不吉祥事件迁怒于当

▲ 八仙桥地区街景老照片。图中的黄金大戏院位于恺自尔路、敏体尼荫路转角上（今金陵中路1号，西藏南路口），曾经是该地区的标志性建筑

◀ 八仙桥公墓外国侨民的葬礼

▲ 淮海公园内景

时被迫卖地陆家，说是他们“引进洋（野）鬼，祸害乡邻”。陆家只能靠多次做“佛事”，驱“洋鬼”，花钱消灾，祈求乡邻平安。

1881 年，为化解“洋鬼”作乱影响，陆家筹资建庙“镇鬼”，冠名“陆家斉庙”，这个“斉”字本义是“山间平地”。上海滩本来是平地，用“斉”字是引申其中“平”（息）镇住“洋鬼”“恶鬼”意思，保护平民平安是谓平，铲除人间不公是谓平，故将“斉”借喻为“平”意思。“陆家斉庙”香火延续到解放后。

1953 年底，“陆家斉庙”在市立四明医院改扩建过程中被拆并（今曙光医院的前身），完成了其使命。

1956 年，人民代表提出将“八仙桥公墓”改为公园的议案，同年 12 月 12 日，第二十七次市长办公会议做出决定：以市建设委员会为主，召集民政局、园林管理处、外事处等有关部门具体研究筹建公园事宜。建园前迁墓工作于 1957 年 6 月登报公告，同年 10 月至 1958 年 2 月 6 日将全部坟墓迁至青浦县吉安公墓。

1958 年 1 月 8 日，经市人民委员会批准，将其中 2.67 万平方米土地拨给市园林管理处辟建公园，8600 平方米土地拨给邑庙区体育运动委员会建体育场。建园工程于 1958 年 3 月 17 日开始，同年 6 月 20 日竣工，7 月 1 日对外开放。

“高雅、时尚”依旧的淮海路

张建君

▲ 追寻“高雅、时尚”依旧的淮海路绘图

2021年是卢湾区启动淮海路商业街大改造30周年。30年前，上海准备建设地铁1号线，卢湾区段的淮海中路上设有两个车站，区里谋定而动，准备借上海地铁建设的东风，让年迈的淮海路商业街焕发青春。我有幸参加了淮海路改造指挥部的工作，至今难忘。

淮海路该如何改造？上下接受的是要体现“高雅、时尚”的品位，但具体什么叫“高雅、时尚”，就没人讲得清楚了。那时对外刚开放不久，绝大部分人都不知道外面的世界怎么样，不知道现代化是啥样子，淮海路应该怎么搞现代化。如今要请个国际著名咨询机构来做方案是很容易的事，但在改革开放早期，那是很难想象的，没人会这样做，更没有这笔预算。淮海路作为全市商业街改造的先行者，取经也没地方，只能靠自己摸索。

好在卢湾区人杰地灵，港澳台关系发达，华侨和侨眷众多，国际视野的基础相对比较好，开过眼界的人多。区委、区政府决定，通过人大、政协渠道，请相关人士帮忙出主意。于是“把淮海路改造成什么样”的一场大讨论开始了，听说淮海路要脱胎换骨，与国际接轨，各界人士群情振奋，纷纷献计献策。上上下下十多次讨论，也是一个充分交流、统一认识的过程。经过反复讨论和争辩，思路渐渐明朗：淮海路商业街的现代化改造，要遵循其自身发展规律，不能脱离原有的历史文脉。从全国来看，上海的文化代表性是“海派”，即华洋交融的特色；从上海来看，淮海路一带的城市风貌及商业文化主题，则是以“洋”为主的。所以区里明确：淮海路改造的文脉，要延续和发扬“洋气”的风格，走现代化道路。这种说法很受老百姓欢迎，就是要把淮海路与世界接轨，让老百姓不出上海就能逛世界一流商场，也能吸引更多外国人来这里找到家乡的感觉。淮海路、重庆路以西地段，房屋建筑形态整齐，规划上确定要保护历史风貌，改造以保留商业人气，提高商业能级为主；重庆路以东地段房屋老旧偏多，就以成街坊改造为主了。

▲ 具有法国巴黎建筑文化元素的淮海路，是上海市民喜欢的商业街

1991 年时的商业现代化标准，区里能够想到的也只是自动扶梯和空调了。当时区政府里都没有空调，全上海只有南京路第一百货商店里有一台自动扶梯。所以，淮海路商业街将全面现代化，全线安装空调、配置电梯，群众听了大为震惊，欢天喜地。

商业改造的规划定位明确后，区里便设立了淮海路改造指挥部，统一管理协调落实具体方案。大的改造项目实行对外招商，这样除了资金稳定、品牌优势外，还可引进国际设计，借力提高淮海路的城市设计品质；中小改造项目设计的整体规划协调，则严格控制门面招牌设计，不可以我行我素，采纳国际专家的意见。淮海路不准用太重的石饰，也不能用太轻俗的镜面不锈钢，不表现出民族元素。考虑到国际游客的方便，区里还规定：淮海路的招牌文字必须中英文双语，不能以拼音代替英文，特请专家把关翻译。店招字体也有规范，只能用国际通行的“小字体”，不能出现浓油赤酱的“粗笔楷书”。

1993 年 6 月，根据卢湾区两任区长的要求，经过一年半的不懈努力，亚洲开发银行（ADB）技术援助项目尘埃落定。央行通知，“中国上海淮海中路商业街改造和浦西地区商业政策研究” 项目（编号 1784）被亚行理事会正式通过，项目由英国 GHK 公司中标。市计委和卢湾区政府联合发文成立了项目管理委员会，我担任项目管理委员会办公室主任。技术援助总额为 60 万美元，是亚行的最高限额，按当时汇率约为人民币 600 万元。区里太需要这个项目了，不仅仅是资金，更可以借此获得国际专业咨询机构的成熟意见和提升国际知名度。这对于我们建设一条国际化、现代化的商业街，提高设计和管理水平，突破思想和认识的瓶颈意义重大，它使淮海路的“高雅、时尚”在整个改造中得以充分的体现。另外，在市人事局的支持下，区里还派出 30 多名基层商业负责人，组成“上海商业代表团”去新加坡培训 21 天，学习体验外面的商业现代化，这在各区中是第一个“走出去”的，为淮海路改造后的运行储备了人才。

当时区领导有个心愿，希望淮海路的这一轮改造成果，在 15 年内不落后，所以上下齐心，总体规划，细枝末节，让淮海路一步步、一点点地走上了现代化轨道。

如今 30 年过去了，经过那次大改造后，淮海路又经历过一次次的商业结构调整，“高雅、时尚”依旧。每次漫步于此，看着一幢幢风格迥异的商厦和历史建筑，感受着一路的奢华和典雅，心里总为自己曾经的付出感到无比愉悦和满足。

在淮海路上随波逐流

孙小琪

祝贺淮海路大修通车

在淮海路附近上班，来来往往几十年，简直有了心生对话、情谊相连的惆怅。初识淮海路，是因为路两旁的梧桐树，它们长得很粗壮了，枝繁叶茂如亭亭华盖，两相对应探出手来，在中间拉在一起，形成荫蔽整条马路的绿色长廊。我骑自行车穿梭其间，清风拂面，绿意盎然，用现在的话说是感觉高大上的。

淮海路两边简洁明了，没有随意的摊贩或其他，人们总在不疾不徐地赶路，鲜有站立路旁无所事事“望野眼”的。那时候，公交月票6元，一个月无限次乘坐所有市内公交车；寄信本埠4分、外地8分。四喇叭收录机，砖头般，“我和你吻别，在无人的街……”歌声有时会从淮海公园里飘出来，隐隐约约。烟纸店、公用传呼电话、大饼油条、煤球炉，那些寻常日子的烟火气，都是掩蔽在淮海路后面的小弄堂里的。

在淮海路上穿行，有过一次令我沮丧的记忆。那是一场瓢泼大雨，一夜之间，全市不少地方出现积水，早晨上班时，快到雁荡路上妇女用品商店附近，路面开始出现水流，先是浅浅的，一会儿就有点深度了，我想用力蹬脚踏快速冲过去，没有成功，差点歪倒在水里，鞋和裤腿都浸透了。不久，淮海中路开启重大改造，从陕西南路到嵩山路段全线封闭，开膛破肚，下面的市政管道也借机翻新。原在淮海路通行的公交26路电车、42路汽车全部改走长乐路，自行车则分流至南昌路和巨鹿路。据说这是百年淮海路的第一次“休息”，

解放日报
JIEFANG DAILY
10
上海汽车联合交易市场
上海和平汽车销售公司
地铁·向世界证明
——写在上海地铁一号线全线通车之际
我们有这个能力
我们目光远大
克服短期行为 推广先进农艺 普及农业机械
企业化经营：农业腾飞之路
梦圆地铁
联合社会力量办学
上财大步入新天地
本报中国经

◀ 1995年4月10日，《解放日报》刊发上海地铁1号线全线通车消息

我们每天在那里来往的，颇感不便。待到淮海路重新启封，城市的排水自然已不是问题，自行车就此再也不能在淮海路上穿行，形成拱廊的大树也没有了。

又过了几年，单位里的一位同事因住房特困而增配了位于城市西南角的新房，有一天下班时，他突然很快收拾好桌面抽屉，得意扬扬大声宣布：我要去坐地铁了！众人面面相觑，有点羡慕。那是 1995 年 4 月 10 日，《解放日报》头版头条刊登了题为《地铁，向世界证明》的报道。那一天，上海地铁 1 号线全线通车，同事从黄陂南路站下车，上到地面，走不了几步就到单位了。令人几乎难以置信的变化，就在我们身边发生了。20 多年过去，如今淮海路上的地铁站，常常会涌出一拨又一拨的人群，也会有一拨又一拨的人群，从地铁站走下去。地铁的守时便捷，成为大家出行的首选。

淮海路上的人家，过日子是认真的。我们单位所在地原是民居，在一条短弄堂的尽头。有一次，大家需要在门前空地列队拍照，正安排着，一位隔壁老太不慌不忙走过来，支起竹竿，众目睽睽中，晾出家里孩子尿湿的被褥之类，一面嘀嘀咕咕，晚上要睡觉的，不晒怎么行。大家目瞪口呆，一时竟无话。那老太的脸上是有不可侵犯的颜色和一种拒人的决心的，对她而言，那一刻，照顾好她家的小孩，就是天大的事。

▲ 1992 年 4 月，淮海中路开始全面改造，图为沿路部分居民迁出旧居

生活在淮海路上慢慢变化。开始我们穿过膝的短裙子，短袖衬衫下摆放在裙腰外面，如果束在腰里显出曲线，有点羞答

▲ 淮海路上的全国土特产食品商场

▲ 淮海路街景

答；冬天怕磨坏了衣袖，上班会戴上旧衣服改制的袖套；日常用的人造革包，放在自行车兜里，怕磨坏了，外面再套个塑料袋。曾经有一次，一个俏皮的年轻朋友要和我说什么，见我茫然，便说，就是你们单位那个用塑料袋套在拎包外面的……我便顿时明白了。我们从匮乏和千篇一律中起步，随着国门越开越大，随着淮海路两侧的摩天大楼群起，穿什么，如何穿，用什么包包，穿什么鞋，终至百花齐放，万紫千红。

不久前，淮海路上的全国土特产食品商场重新装修了，恢复记忆里有点遥远的零拷，标出的价格很便宜，平均每斤15元左右。或许还因为留恋回忆，店门口顿时排起长队，淮海路上，除了斜对面的光明邨，这样的景观不多。金龙酱包瓜、茄子干、虾油瓜；花生酱、芝麻酱、海鲜酱、辣货酱；散装生抽、老抽、米醋、南乳汁……那天，经过簇簇新的店堂，我进去逛，不论店招或是柜台，都呈现着艺术品般的美。这里进出的阿姨爷叔，衣着整洁，随意而舒适，并不刻意讲究。他们提着环保布袋，坦然自在。似乎一切都回归自然质朴的原点，那应该是经历了大起大落后的明白，自己的生活，很重要的。

小妹的『六间房』

金洪远

小妹老宅在黄陂南路，离声名赫赫的新天地咫尺之遥，到风情万种的淮海路只消五分钟。虽说家在沪上黄金地段，但居房却是捉襟见肘。一间朝北的亭子间，冬冷夏热，楼下不远处有一公共厕所，“怪味”时不时随风飘进窗口，不是“味道好极了”而是“难闻死了”。我们兄妹最牵挂的是小妹，不知她的陋室何时有“翻身得解放的那一天”。

记得那年我陪舅舅去小妹家小坐。舅舅环顾四周道：小妹啊，你是螺蛳壳里做道场，唯一的优点是房间比我的后厢房要敞亮多了。老人家还劝慰小妹说，现在报纸都在说，新天地附近的弄堂要动迁，你的好日子也要来了！

好日子说来就来。那是一个春风沉醉的夜晚，小妹打电话给我，话筒里是她抑制不住的喜气。她告诉我，今天下午已经开过动迁会了，居民们开心得不得了。小妹还说，但有的老邻居也有依依不舍的感情，因为这里地段好，看病和购物方便。坐在我对面的舅舅举手示意我，我将话筒递给了舅舅。没有想到老人家开门见山就做起小妹的工作来，没有动迁时盼星星盼月亮的，动迁来了这千载难逢的好机会千万不要错过啊。他还现身说法道：我在你哥哥的家里住了一个星期，新工房的各种条件就是不一样，小妹你不要犹豫啊。政府的动迁政策是早迁早得利，居民居家条件改善，新天地项目推进，就像我每天喝的“三得利”啤酒，大家都得利啊。舅舅那一口浓得化不开的绍兴家乡话，逗得在旁的我一直抿嘴笑，老人家啊，您何时学了这一套，不熟悉的还以为您是动迁组的工作人员在动员会上发表演说呢。

牛奶会有的，面包会有的，新房也会有的。小妹作为第一批动迁居民，如愿以偿分配到了位于东郊宾馆的新工房。那年我陪同年已八旬的舅舅到小妹的新居。老人家刚一进门，就情不自禁地拍起了双手，嘴里一个劲地叨念，哎哟哟，房间里阳光亮堂堂、暖洋洋，真个是“困梦头里笑出声”。舅舅说的是心里话，他蜗居在老宅石库门的后厢房，别说阳光，就是白天也要开着灯，看到外甥女新居怎么会不“拍手”呢？最有趣的是，老人家边从客厅走到卧室，边扳起指头数数：一间、两间、三间……直数到“六”，让我和小妹忍俊不禁。舅舅啊，两房一厅就连厅算上，充其量也不过是三间，您怎么算出“六间”呢？舅舅回应说，是“六间”啊，厨房间啦，卫生间啦，还有那阳台不是房间吗？舅舅尽管当时已年过八旬，但脑筋还是煞煞清，加起来的确是名副其实的“六间”啊。

国庆节那天，我在杏花楼请亲友聚餐，舅舅喝了几杯“三得利”啤酒，话匣子打开，席间絮絮叨叨又说起了小妹的“六间房”，那些80后、90后年轻人都笑得前仰后合，合不拢嘴，都说舅公“搞大了！”“搞大了！”可舅舅一本正经正色道：“是六间房啊，难道我会点错？！”他还说，黄陂南路这一带石库门居民动迁了，新天地扩容了，漂亮了，名气大了，肯定会吸引国内外游客来观光。老人家说得一点不错。去年，妻子定居美国的外甥从旧金山飞到北京，时差还未倒过来，又马不停蹄搭机到了上海。妻和我在南京路的燕云楼为他接风洗尘，可能旅途一路劳累，席间他胃口甚是不佳。考虑到他明天早上还要去浙江为外婆扫墓，妻意早点休息。没有想到他问我：姨夫，这里离新天地远不远？我有点摸不着头脑，新天地？你们这些美国的白领都知道？外甥告诉我，他所在公司的同事可能南京路不知道，但新天地却是如雷贯耳，大名鼎鼎。我更没有想到，听说我们决定陪他去新天地走一遭，他两眼顿时闪出异样的光彩，我笑着和妻子说了一句悄悄话：适才毛毛吃饭胃口一点不开，怎么听说去新天地精神焕发，“胃口”大开，像变了一个人，怪哦?

舅舅去世已经好几年了，但当年那句小妹家有“六间房”的金句却在亲戚中久久流传。当时我的几个外甥和外甥女还误以为舅公脑筋不清爽，其实是现在的年轻人脑筋“不清爽”，他们根本搞不清在上海的老居民，特别是居住在石库门弄堂的老居民的习惯就是“一间”来计算的，一间客堂间，一间亭子间，一间厢房，一间三层阁……

儿时淮海路印象

曹静玖

作为一个如今身份证号码还是“310103”开头的老卢湾人，淮海中路（上海人称“淮海路”）给我留下很多儿时美好的记忆。

我出生在瑞金二路 15 号（靠近淮海中路），现已拆迁，建起的是淮海路新地标——新华联商厦。读书是在淮海中路、马当路口的比乐中学，淮海路是我上学的必经之路。从瑞金路到马当路口这一段淮海路，是当年最繁华的商业街之一，吃的、穿的、用的，应有尽有。外地人到上海出差、旅游、探亲，淮海路也是必定要去的，他们听上海人讲，淮海路商品比南京路要高档。

由于当年天天走过路过，至今虽已搬离淮海路，但对淮海路上的点点滴滴刻骨铭心，记忆犹新。有机会翻到上海社科院出版的《老上海百业指南》，从老地图中得知，这段淮海路在法租界期间叫霞飞路，抗战胜利后用民国政府主席林森大名改为林森中路，解放后改名为淮海中路。一直到20世纪90年代淮海路改造之前，上海老字号、名牌特色店在此林立，繁华了整个路段，无论白天夜晚，店堂里人头攒动，生意兴旺；马路上摩肩接踵，人流如织，淮海路的闹猛遐迩闻名，誉满天下。

▼ 霞飞路（今淮海中路）上的俄侨商店和营业员

我能讲出这段路上各家商店的名称，如益民百货、野荸荠、大众服装店、上海旧书店、正章实业总公司、淮国旧、老胡开文笔庄、妇女用品商店、全国土特产、茅万茂酒栈、长春食品商店、全国体育用品商店、新华书店、绿野饭店、大同酒家、开瑞服装店等。

讲“吃”，有老大昌食品店白脱蛋糕、哈尔滨食品厂酒心巧克力、上海食品店色拉面包、长春食品店鲜肉月饼、野荸荠食品店雪糕冰淇淋、天山回民食品店话梅糖；还有老松盛的松子鳜鱼、茅万茂酒栈的绍兴老酒、大同酒家的烤鸭、美心酒家的蚝油牛肉，即便是成都饭店八分一碗的阳春面，也鲜得我眉毛差点落脱，如今名气很响的光明邨，当时还是一个卖肉馒头的小点心店。至于全国土特产食品商场集

◀ 20 世纪 30 年代法租界霞飞路（今淮海中路）

南北货之精华，售各种酱菜调味品，还深受市民大众欢迎。

讲“穿、用”，有大名鼎鼎的上海妇女用品商店的时装旗袍，有上海床上用品公司的羽绒被花式床罩，有益民百货公司的培斯塔衬衫，有开瑞服装店的时尚夹克，有香港童装店的贴花镶宾式童装。学生时期中午在学校吃饭（自己带米在学校蒸饭），饭后就和同学在淮海中路上逛马路，我们会去“老胡开文”买些铅笔橡皮之类的小文具，再热衷到“淮国旧”，那纯粹是去兜兜风，长长眼，看寄售的各种名牌旧表、留声机、电唱机、旧乐器、旧钢琴，等等。“文革”时期，在“淮国旧”后门处的长乐路上，堆放着抄家来的旧家具，我看见有人花50元买了一只红木梳妆台，3元钱一只的红木鸭蛋凳是放在店堂里卖的，当时的“淮国旧”确实能捡到漏，很多东西用今天的眼光看都是好货。“淮国旧”也并不全是旧货，还有一些价格便宜的新货（厂方的处理商品），我从下乡的黑龙江兵团回沪探亲，在那里也淘到过便宜货，有衣服、镜子、肥皂盒、梳子等。兜淮海中路，“淮国旧”是我必去的地方。靠近成都路口的淮海电影院（解放前是巴黎大戏院），我也经常弯进去，身上带钱不多，上课时间也不允许，但看看电影海报、明星照片，了解剧情，也算“过过念头”。

在比乐中学的五年，这条路我不知走了多少回，回家的路上有时间我就爱钻进靠近成都路的旧书店，一般是只看不买。站在书旁挑挑这本，翻翻那本，不会有人赶你走。记得当时看一本《联共（布）党史》，价格是 1 角 5 分，很冲动，就想买下来，遗憾的是口袋中零钱不够。“文革”结束后，那里曾改成“三联书局”，还卖过刻印章的石头。我在那里花了 6 角 5 分买过一本小说《青春之歌》，至今保存在书橱里。当时还爱去新华书店，因为离家近，吃过晚饭去兜兜，那里全是新书，更是看得多买得少。我特别爱看挂在墙上的年画、宣传画，那时书店没有开架可供阅览的书柜，我特羡慕站在柜台里的营业员，工作轻松又有那么多的书相伴，向往以后能做个书店的营业员，没想到下乡后这就成了奢望，直到恢复高考，大学毕业后回到上海，才又恢复了钻书店，逛淮海路的习好。

儿时美好的记忆是一辈子也忘不了的。

▼ 位于霞飞路 1910 号的“紫罗兰理发公司”，由日商 1910 年开设

◀ 位于霞飞路 850 号的“百灵洋行”是 20 世纪 20 年代后期上海最大的俄侨商店

我记忆中的淡井庙

江爱群

我出生在永嘉路顺安里，紧邻淡井庙，我家的二楼、三楼东窗看得到淡井庙山门前的广场。小时候一到放假，我就会趴在窗台上，好奇地观看和尚、道士在广场上做道场、烧纸祭奠的场景。淡井庙是我与小伙伴及哥哥们常去玩耍的地方，直到步入中年，我才了解淡井庙的历史，以及其在上海城市形成中的重要地位。

淡井庙永嘉路一带的形成可追溯到宋朝。历史上，上海市中心一带由海变陆，经历了漫长的过程，逐渐形

◀ 淡水村的遗迹淡水井，位于瑞金宾馆大草坪

▲ 亭子前，两边是傲然相视的一对“大象面石雕像”

成所谓“五里七里一纵浦，七里十里一横塘”的江南水乡风光。据史书记载，宋代时，今永嘉路 12 号处有口井，这口井与众不同，别处井水都带有咸味，这口井的水却是淡而醇。于是，这里便集聚成一个村落，名为“淡井村”，还建成了一座远近闻名的“淡井庙”。

淡井庙正门沿马路牌坊上刻着“宋建淡井庙”。

淡井庙的规模很大，进门有一个很大的露天广场，广场上有一口封住的淡井，还有一棵有三四层楼高的宋朝年代的银杏树，广场的用途是做佛事阴寿烧纸的场地。我小时候常在广场上与小伙伴们仰望着蓝天上飞翔的大鸟，齐声高呼：“阿三，老鹰来了！”

淡井庙设置为三殿。

第一殿供奉城隍老爷，旁边有四大金刚；两边有厢房，左厢房意为地狱，进门即有戴高帽子的黑鬼和白鬼，披头散发青面獠牙，伸出长长的尖锐的指甲，令人恐怖；往里有十八层地狱，有做坏事的下到地狱要受到的各种刑罚，诸如下油锅煎、上刀山等；中间是阎王老爷，引导善男信女活在人间要多做好事。右厢房则是天堂的象征，中央是玉皇老爷，激励尘世的人们做好事升天投胎，保佑现世平安，有各种命运生肖可供选择。

第二殿供奉关公大帝，殿前也有一个室内广场，可以搭戏台，做寿唱堂会之用。两边有包房和办公室，还有古色古香的圆

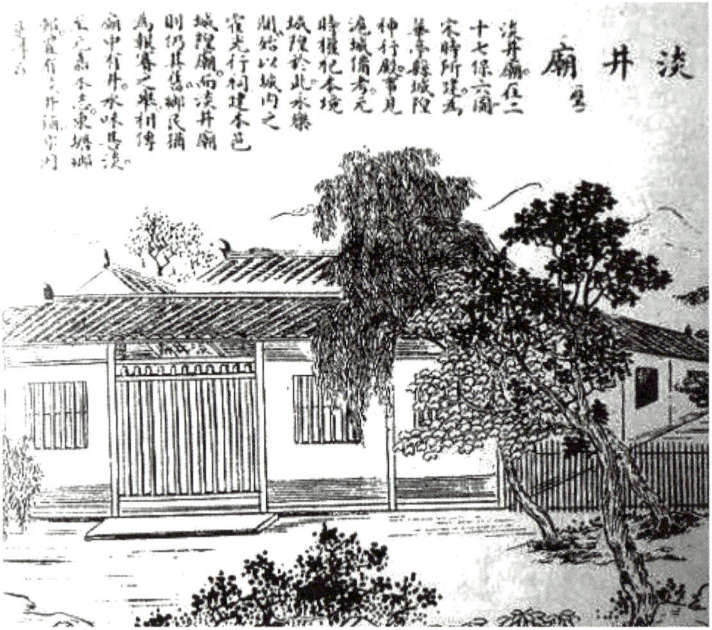

▲ 民国时期，淡井庙曾被评为“上海第一古迹”

▲ 淡井庙遗址

拱形门、天井及一座宋朝时的坟墓，殿后面有一个很大的厨房。

第三殿则在关公殿楼上，为观音殿。楼上是柚木地板，两边有僧人的寝室和工作人员的卧室，面积比南市区城隍庙大。听大人们说，以前租界居民烧香拜佛到淡井庙，公共租界的居民烧香拜佛到城隍庙。不过城隍庙周边有商场，淡井庙周围却没有商场。抗战胜利后，淡井庙被上海大亨黄金荣接管。

▲ 淡水井前竖立的铭牌

据说，黄金荣七十大寿就在淡井庙做的寿诞，永嘉路和绍兴路上停满了小汽车，黄金荣请来共舞台等上海滩有名的剧种戏班子唱堂会，我的哥哥姐姐与附近小孩挤进去“看白戏”。

黄金荣在上海的产业很多，淡井庙也是荣记淡井庙。有当家和尚、两个徒弟道仁和道善法师，还有 20 多个和尚；厨师、茶房服务员、账房先生等一套班子齐全。

上海解放前夕，淡井庙被用作兵营，国民党军抓来的壮丁集中关在淡井庙内，怕有逃兵门口有卫兵把守。只见整卡车、整卡车的壮丁被运往上海郊区去打仗，壮丁像倒垃圾一般倒在战场上；伤兵被运回广慈医院（今瑞金医院），医院变成战地医院只收伤兵，门诊急诊都停止。最后来了一批相当于宪兵的台湾青年军，也驻扎在淡井庙内，因淡井庙隔壁有马立斯花园别墅，有三青团团部及汤恩伯的住所。

解放初期，淡井庙占地 4.67 亩。我还记得楼下城隍殿和关帝殿还可以烧香，但做佛事的较少，楼上观音殿驻扎了一个排的解放军。厨房职工在庙门口办起点心摊维持生计，下午 4 点左右母亲会给我一角钱，到庙门口的点心摊买个肉包子解解馋。我想，庙门口卖肉包子，上海可能仅此一家吧。

1958 年，华侨胶木工场、淡井庙小

学在淡井庙里创办。20 世纪 60 年代，淡井庙内除大佛像等由上海市佛教协会收管外，殿房全部改建。前殿改为上海华侨电子电器厂的压机车间，后殿为区淮海少年之家，楼上为部队干部和家属住房。以后，淡井庙的城隍殿，包括前面露天广场筑起了厂房，办起了胶木开关厂；关公殿包括室内广场，办起了瑞南小学及操场，校门在隔壁 20 弄边门进出；楼上观音殿还是由一个排的解放军驻守。直至 1996 年底，顺安里和淡井庙完成动迁后，这个上海城最早的城隍庙（佛道合一的庙宇在中国也是很少见的）消失在上海的地图上。

瑞金宾馆扩建后，东边有原瑞金二路大门，西边有新开的茂名南路大门（此路原是文化广场五号门，南到永嘉路，北到复兴中路），北边有复兴中路后门，南边保留着永嘉路 12 号门。听说淡井庙遗址在瑞金宾馆内，我后来又去了一次，淡井庙没有了，保留了一口井，并在此处盖了一个四角亭，我拍了照以作念想。

回想少时的淡井庙印象，不由得生发几许感怀：宋朝建的淡井庙只剩下一口井了，但也只是象征性的一口井，并非宋朝建的，位置是原址，但庙没有了。

四角亭是宋代淡井庙遗迹，位于瑞金宾馆大草坪西侧

淮海路上曾经的外国食品店

郑建华

当年大东食品店外景绘图

如今，外国人在上海开设店铺已经不是稀奇事了，可是在半个世纪前，中国与外国的交往甚少，连街上走过个外国人都会引起围观，更不要说由外国人在上海开设商店了。然而在淮海路上，我却随父母进过两家外国人开设的商店，还购过物，也算开眼界了。

20 世纪 50 年代，现在的淮海公园还是外国人的公墓，人们称之为“外国坟山”。在淮海中路、嵩山路口有两家门面朝北并排的食品店，一家叫大东一家叫柏林，都供应奶油蛋糕。由于门口正对着有轨电车站，走过的人很多，但人们通常不去买东西，因为传说那奶油蛋糕是供外国人上坟用的祭品。大东的店门口有个电气冰箱供应冷饮，我小时候去买过几次，品种是全市统一的光明牌棒冰、雪糕、冰砖。

但真正进过外国人开的店是在嵩山路往西到淮海中路、黄陂南路转角处，有一家外国人开的食品店，供应西点饼干、糖果之类的。那时我阿姨家住在天平路，从阿姨家回来总是乘坐 2 路有轨电车到嵩山路下车，母亲常会带我顺便到外国食品店买点吃的东西。

记得那家外国食品店的店门开在淮海中路、黄陂南路转角处，朝西北方向，店面大约是两开间，站柜台的是个金发碧眼会说中国话的白人妇女，究竟是西欧人、犹太人还是俄罗斯人，我也分不清。只记得那家店的干点心奶味特别浓，还有那家店用的秤很特别，不是中国店中常用的杆秤或案秤，而是一架金色的大天平，一端放上货物，另一端放上砝码。收款用的是一架带手摇计算机的收款机，当年也是很稀罕的东西。

到那家店购物时，我还没有上学，约是 1956 年前。后来这家外国食品店不见了，原址上开出了一家无线电商店，其实也就是从事收音机修理和卖些零件，是一家公私合营的商店，因店名叫“东方红”，所以在“文革”的改名潮中被保留下来。

淮海路上的另一家外国食品店也在附

▲当年开在淮海中路、黄陂南路转角处的外国食品店绘图

近，坐落在黄陂南路与马当路之间的淮海中路上，门面朝北。原来这一带有一条叫宝康里的弄堂，沿淮海中路一面几乎全是商铺，转角处有一家旗蓬店，我小时候买红领巾，就是拿了学校的证明到那里买的；紧挨着有一家叫华新的理发店，属乙级店，价钱较贵，通常不舍得去；再往西过去几家门面就是那家外国食品店了。

记得那是一个冬天的傍晚，父亲带我逛街，说是肚子饿了，去买点吃的，便进入了那家食品店。店不大，一开间门面，安装一对木制的弹簧门，门上印着“金文公司”的字样，按当时的理解，公司应当是很大的店铺，如中百公司、永安公司，这么个一开间的小店怎么也称公司？困惑的我因此印象很深。

金文公司的柜台里空荡荡的，只有为数不多的几盘干点心，站柜台的是个 50 多岁的老头，穿着深色的西装，这在当时是不多见的。

记得当时父亲买了两只“司康”，是黑面粉做的，也没有什么油水，每只五分钱，还收了那个年代特有的糕点券。父亲付了钱和券后，同那老头聊了几句，问他是不是朝鲜人，他做了肯定的回答。

具体是哪一年，我记不清了，但肯定是在物资短缺的年代。金文公司开到哪一年，我也没有印象，似乎在“文革”开始以后就不见这家店铺了。最近在《卢湾区志》上查到了金文公司的名字，是一家历史悠久的朝鲜人经营的商铺，还真是知名度不小的。

思南路上的自动化实验邮局

郑建华

▲ 上海市卢湾区自动化实验邮局建成纪念明信片

20 世纪 60 年代初，在靠近淮海中路的思南路上，建立起了一家自动邮局，从此以后，那里成了我常去玩的地方。

最初，我是吵着要父亲带我去玩，继而是由我带路，带了一帮同学走上十几分钟特地去玩。上了中学后，还常常与同学一起到邮局去玩，这里可是打发中午休息时段的好去处。

这家邮局的正式名称是上海卢湾区自动化实验邮局。当年邮局所在的地方，现在仍然是一家邮局，只是房子翻建过了。记得当时的邮局是一层平房，墙是浅绿色的，正门的上方镶有墨绿色的“邮电局”三个木制立体大字。从正门进入营业大厅还要走上好几个台阶。邮局的北面是一家供销合作社，主要经销南北货，后来改成全国土特产商场的一个门市部，现在则翻建成一幢百货大楼。邮局对面的思南路、淮海路拐角处，是一个小市场，里面有许多一开间的小店铺，被称为“思南市场”，其中有几家修钢笔的铺子，倒是我们学生经常光顾的，如今也已改建成商住楼。

我与小伙伴为何热衷到邮局玩呢？因为那里有不少新奇的东西，又很少有大人管，于是成了我们的乐园。走进自动营业大厅，嵌在墙上的是一排自动售货机，外形有点像现在银行里的自动取款机，不过主要是木质材料制成的，功能也比较单一。有售邮票的，售明信片的，也有售信纸、信封的，售报纸的，每个售货机只有一种功能，不能互换通用。

售邮票的机器分为四分与八分两种。当时本埠平信邮资是四分，外埠平信邮资是八分，这两种邮票是最常用的；通用的硬币只有三种，即一分、二分和五分。从投币口投入硬币后，透过玻璃小孔可以看到硬币一枚枚积聚起来，满四分或八分后，会带动翻板落下去，从另一个出口里吐出邮票来，要是投入的是五分面值的硬币，还会自动找零。我们当时从不去买八分的邮票，因为我们并不寄信，买邮票只是为了玩自动售货机，买四分的可以多玩几次。

售信纸、信封的售货机出口略大点，也是投币进去，自动吐出信纸、信封来。信纸是每张一分，信封是每个一分。当时从文具店买信封，每二十个只要一角五分；从小摊头上买，二十个只要一角；邮局零售显然贵一点。我们当时买信纸比较多，花一分钱能玩一次自动售货机，一张信纸多少能派上点用场。另有一种售明信片的机器，出售带邮资的明信片，价格分别为三分和五分，也是投币后自动吐出来的，不过我们很少去买。还有一种自动收信机，先把信投入，再投入几枚硬币，可以透过玻璃看到在信上盖上“邮资已付”的邮戳，然后落入收信筒，机械动作比较多，也比较好玩，由于我们自己没有信可寄，只得围在一旁看别人使用轧轧闹猛，也算是一种享受。卖报纸的售货机出口更大，不过买报纸要一早去，等我们去时，售报机上总是挂着“售完”的牌子。

记得还有几台售货机是可以使用一角票面纸币的，但我们当时的零用钱都是以分为单位积攒起来的，身上很少有一角以上的纸币，即使有也舍不得用掉，所以从来没有玩过那几台用纸币的机器。

▶ 翻建过的思南路邮局

穿过自动营业大厅，里面是办理邮寄包裹、汇款等业务的营业大厅，也是一个大柜台，靠工作人员来服务的，与其他邮局差不多。只是在大厅里放了好几张可供人写信用的大桌子，大玻璃桌面下衬着墨绿色的毛毡，像豪华的办公桌，还配着带垫子的软椅。桌子上摆放着墨水、糨糊、自动售货装置，出售的不但有四分和八分的邮票，还有信纸、信封，不过在投币以后要按一个相应的选择按钮，才会吐出你要的东西来。

上中学以后，有些住房条件差的同学常常会在放学以后钻空子到邮局里来做作业，坐在大办公桌上写东西，自我感觉相当不错，但戴红袖章的纠察常常会来干预，说这里是供人写信的，不能让做作业的学生老占着。遇到这种情况，我们往往会忍痛摸出一分钱，从桌子上的自动售货装置中买一张信纸，然后一本正经地写起来，便弄得纠察无话可说了。

近日从网上查到，这家自动化实验邮局是在 1960 年 1 月 21 日开始建设的，只花了 69 天就建成了，同年 4 月 12 日开始营业，当时还发行了一张纪念明信片。

◀ 1960 年 4 月，全国第一个自动化邮局卢湾区自动化实验邮局开幕剪彩仪式；卢湾自动化邮局内的四只联合售票机

▶ 马斯南路监狱外景

曾经的马斯南路监狱

徐家俊

思南路是条幽静的马路，当时的法租界用法国作曲家马斯南的名字命名，鲜为人知的是这条马路上曾有一座法国人建造的监狱——马斯南路监狱。

100 多年前，法租界当局侵犯中国行政管理权、司法权，设置会审公廨和巡捕房。1909 年 12 月又决定在薛华立路靶子场一带（今建国中路、思南路口）建造一座监狱。1910 年 7 月 15 日动工，1911 年 7 月 24 日竣工，10 月 8 日正式启用，1930 年监狱又扩建了一部分建筑。至此，这座监狱占地面积 4800 多平方米。监狱

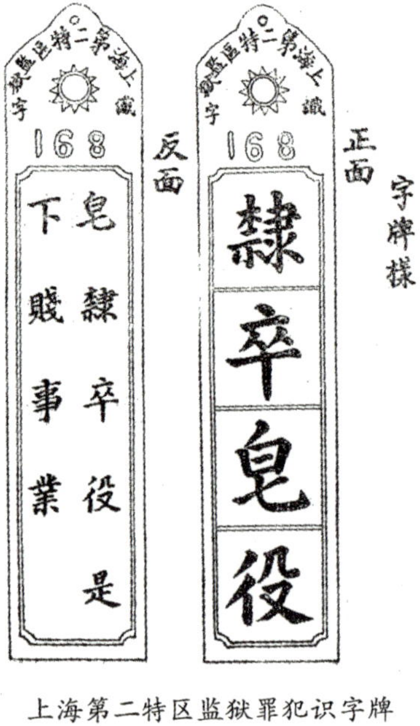

▲ 上海第二特区监狱罪犯识字牌

的门牌号为马斯南路 285 号（今思南路 99 号），监狱设有男监、女监两幢：男监四层楼，每层有监房 85 间，共计 340 间；女监为二层楼，每层有监房 17 间，共计 34 间。另设外籍犯监、病犯监若干间（重病犯则押送广慈医院），总共有监房近 400 间，还中有教诲堂，可容囚犯千名左右。

监狱四周有围墙，围墙内有巡逻道，围墙东西隅各有瞭望楼一所，全监狱呈一四方形。监狱最初称为上海法租界会审公廨监狱，上层管理人员为法国人，下层看守主要是安南（越南）人。1931 年 8 月 1 日监狱改为上海市第二特区监狱，开始由中国人管理。1943 年 8 月汪伪政权名义上接收上海租界后，上海的监狱、看守所的建制有所调整，第二特区监狱改称“上海地方检察署看守所”，1945 年 2 月改为“上海地方法院看守所”，1947 年 11 月又改为“上海地方法院第一看守所”。由于监狱（看守所）位于马斯南路上，又俗称马斯南路监狱。

1931 年 8 月以后，监狱设典狱长一名，下设三科两所，即第一科、第二科、第三科；教务所、医务所。下辖主任看守、看守、监丁（百人以内），监狱对他们兼有一定的奖惩制度。凡看守的奖惩均与经济利益挂钩；主任看守的奖惩标准按看守的标准加倍计算。20 世纪 30 年代，监狱曾对犯人进行文化教育，开办小学教育两个班。采用“三民主义平民千字课本”，把 1000 个生字分为 250 组，每组生字四个，制成 250 块搪瓷牌，正面印四个生字，反面即把此项生字连缀为两个或三个浅近语句，悬挂各监房门首。每日收监后，由教师督率辅助教育，看守就各监房教授。搪瓷牌每二日替换一次，并制有识字表一种，以资考核。

▲ 马斯南路监狱监舍

监狱当局为了利用廉价劳动力，组织犯人进行生产作业，有木工、金工、竹工、印刷、皮鞋、女红、缝纫、生物标本、洗涤、糊盒等，参加者可提取象征性的收入“赏与金”。由于马斯南路监狱房舍所限，这些作业规模都不大，少则一二十人，多则一百出头，所以，不少犯人都在监房的走廊做工。不少项目为司法系统内部服务，如监狱印刷科印制的有法院的诉讼用纸、簿册等；缝纫科缝制的有法警、看守的制服；木工科打制的有法院系统使用的办公桌椅；也有一部分是承接社会上各商号、企业所加工的物品，如装订科就为商务印书馆装订过各类书籍，糊盒科也为上海泰康罐头食品公司和上海保康袜厂糊制过各类纸盒。除去狱内作业外，监狱还组织部分犯人外出修路，时间为 7~10 小时，每 25 人为一班，犯人出役，都被戴上侮辱人格的所谓“廉耻帽”。每二人之间就有几米长的小铁条锁连在一起。尽管防备如此森严，多年来还是有犯人脱逃。

犯人伙食标准较低，但参加劳动者优

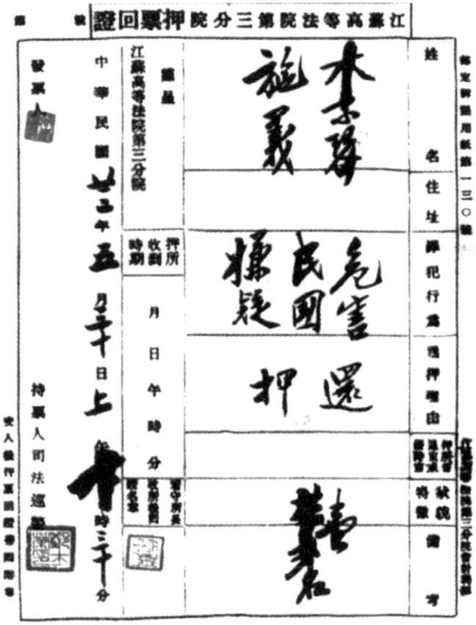

江苏高等法院第三分院押票回证

姓名　施义

住址

犯罪行为　危害民国嫌疑

羁押理由　还押

备考

江苏高等法院第三分院

中华民国廿二年五月十日上午十时三十分

持票人司法警

▲ 邓中夏（施义）押票

于不参加劳动者，外籍犯则优于华籍犯，伙食供应商采取社会招标。犯人的铺盖是粗毛毯，昼收夜给，没有床铺，全部睡地上。对违反监规者，将受到减食、关暗室、上镣、打板子等处罚。20 世纪 40 年代，监狱在押犯严重超员，犯人的生活条件更差。如 1947 年 11 月 24 日《申报》报道，题标为《思南路看守所巡礼，人多饭盒少吃成大问题》，就对此情况做了具体描述：“思南路监狱关押男犯 1934 人，女犯 447 人，外籍犯人 9 人，幼年犯 1 人。据统计以窃盗、烟毒犯为最多，每人每日二餐……2000 多犯人，只有 600 多只饭盒，以致轮到最后吃的人，饭菜都凉了。”

马斯南路监狱犯人生活条件很差，死亡率比较高。据《申报年鉴》称：“1935 年在监犯人 1384 人，其中女犯 90 人，当年死亡男犯 50 人，女犯 5 人。”当时，监狱中还囚禁了不少仁人志士，如邓中夏、刘晓、李启汉、李士英、熊瑾玎、邹韬奋、章乃器、刘季平、史良、艾青、力扬、江丰、罗茂先、赵葵等。他们在黑暗的监狱中留下了红色的篇章。

1949 年 5 月 27 日上海解放。次日，上海市军管会派员接收了时称“上海地方法院第一看守所”的马斯南路监狱。经过清理、整顿、改造，监狱成为人民民主专政的工具之一。于 1953 年起对外始称“上海市第二看守所”。1985 年 6 月，第二看守所撤销，建筑物由市公安局改作他用，后来全部撤除重建。

建在广慈医院里的监狱

徐家俊

广慈医院（今瑞金医院），是旧上海天主教徒创办的一所规模较大、在国内外都有知名度的综合性医院。该院 1904 年开始筹建，首先建造了四幢二层楼房，其中两幢供病人使用，还有两幢分别供法国修女和医院职工使用。

1907年10月13日，医院举行落成典礼，医院的法文名称为“圣玛利亚医院”，即“广为慈善”的意思，中文定名为“广慈医院”。初建时医院规模较小，大门是开向马斯南路的。

广慈医院创办之初，仅设内、外两科，有两名法籍医生。随着医疗业务的发展，同时也为传播宗教、扩大影响，在法租界公董局和公益慈善基金会的资助下，1908年建起“圣味增爵”楼（贫苦男子病房）。后来又陆续建起多幢建筑，扩大医院的规模。最初，中国病人来院就医的很少，后来医院收治了一名濒临死亡的病人，经过抢救后奇迹般生还，声名鹊起，许多中国人慕名而来。与此同时，由于法租界的扩张，居住人口的增加，关押在巡捕房内的人犯也日益增加，法租界警务处决定在租界内建立一座监狱。董事会于1909年12月开会讨论，最后以4票对1票的多数通过表决。1910年7月15日正式动工，在广慈医院附近建造了“法租界会审公廨监狱”，1911年10月8日启用，1931年8月改称“上海第二特区监狱”。由于监狱位于马斯南路上，俗称马斯南路监狱。监狱分设男监、女监，外籍犯监和病监。但该病监只能处理一般的疾病，如果犯人患了重病或急症就无法治疗，而监狱马路斜对面的广慈医院，也在1910年建造了一所病院，专门收治法租界巡捕房和马斯南路监狱内的少数重病犯和急症人犯。尽管这病院面积不大，收押病犯也不多，但为防止病犯脱逃，病院的窗户、大门均装有较粗的铁栏，外面还有巡捕巡逻站岗。这座病院成了名副其实的特种监狱，即病犯监狱。

广慈医院纪念章

有的犯人利用医院的特殊环境脱逃出狱。如 1913 年 7 月 25 日深夜，两名犯人在一间浴室中掘挖洞穴潜逃。随着收治病犯的增多，1930 年该病犯医院拆除旧建筑，重建了二层新楼。尽管那里也有铁栅，也有一定的防卫设施，但是相比监狱总是差了一截。

▲ 瑞金医院（原广慈医院院徽）

1929 年 9 月，上海反帝大同盟干部刘晓（湖南辰溪人，1926 年加入中国共产党，解放后曾任中共上海市委第二书记兼组织部部长、外交部副部长等职）被捕，尽管法国巡捕对其用尽酷刑，但他坚贞不屈。刘晓化名王民权，没有暴露真实身份，后经律师积极辩护，被判刑一年，囚禁于马斯南路监狱三楼的牢房内，番号 256。由于刘晓在巡捕房受到严刑拷打，入狱后又被毒打，老伤未愈，又添新伤。一位对犯人态度较好的 131 号法国籍看守知道后，在其努力下，刘晓因病被送到广慈医院的犯人病房住院四个月。次年 1 月回到监狱，9 月出狱，他又投入新的战斗。

1935 年，上海第二特区监狱看守主任贾福叶、第二特区法院看守所看守主任吴鹭，两人负责看守在广慈医院病监的顾作轩。顾作轩，又名顾四，原是天蟾舞台老板，因牵涉暗杀大世界经理唐嘉鹏一案被捕入狱。贾、吴两人收受了顾作轩的贿赂，对其放任不管，并为其带入鸦片供其吸食。次年 2 月，两人被李姓、王姓监犯告发，查证属实，4 月，第二特区法院依渎职罪对贾福叶、吴鹭各判处有期徒刑五年，剥夺公权五年。贾福叶、吴鹭不服，上诉江苏高等法院第三分院（简称“高三分院”），被驳回后，贾不服，再向最高法院上诉，仍维持初审原判。

多年来，这座病犯监狱的建筑物一直

存在，虽然后来有所改动，但基本上保留了原有的风貌。20 世纪 80 年代，这幢特殊的建筑成了瑞金医院（原广慈医院）的动物解剖室。1981 年西安电影制片厂根据著名作家孙树棻的长篇小说《姑苏春》改编摄制了故事影片《特高课在行动》，摄制人员利用医院里这座建筑，巧妙布置后成为影片里一个重要的外景拍摄点，硝烟滚滚，枪声阵阵，在银幕上留下了扣人心弦的场景。

▲ 法租界病犯监狱
◀ 利用当年广慈医院监狱作为背景拍摄的电影《特高课在行动》

跋

期待《黄浦岁月》续篇更精彩

叶谦逊

由上海华夏文化创意研究中心与黄浦区文物保护管理所创意合作《黄浦岁月》系列课题首项成果《独秀一隅——经典时尚淮海路》已对接并交付上海文汇出版社。

今年初，黄浦区二届人大八次会议审议通过《上海市黄浦区国民经济和社会发展第十四个五年规划和二〇三五年远景目标纲要》，提出建设“一带、双核、三城区”规划和打造新时代上海面向全球的“心脏、窗口、名片”的目标，这需要“文商旅”联动并更紧密地结合城区历史文化的软实力。《独秀一隅——经典时尚淮海路》的诞生愿为此目标的实现做一点小小的奉献。

《独秀一隅——经典时尚淮海路》是《黄浦岁月》系列课题的民间说史第一本读物，这是黄浦区红色文化、海派文化和江南文化汇聚地的民间故事汇集。它围绕淮海路人文街区（瑞金、淮海）着重从初心、人物、建筑、文脉等角度采集并讲述街区内有温度、有“烟火气”的故事，已受到区有关部门的关心和支持并获得社会多方人士的热情关注和积极参与。

该街区历史上是上海中心城区风韵独具之一隅。除了在城区风貌、建筑特色、商业服务、生活习惯等方面特有的时尚、高雅、精致之外，更重要的是在这仅3.39平方公里的一隅之地上承载着太多影响上海乃至全国的重要历史事件与历史人物的印迹，它宛如一滴水能折射出太阳的光辉。在中国共产党建党100周年之际我读完了这本书的全部稿件，深感中国革命、民族复兴、改革开放之不易，也深深地被每一位作者的深情投入所感动。

不忘初心，方得始终。《黄浦岁月》征集民间故事虽已告段落，但言犹未尽，挂一漏万。在征稿截止后，有人说，复兴中路301号大楼早年是1912年成立的“上海律师公会”驻地，在中国法制史上有历史地位，13号地铁站愿为它西挪并修改设计方案。同时，又引出复兴中路323号原“长城电影院”动迁协议签约并付款后发现，“长城电影院”旧址是“左联”重要活动场所之一，具厚重历史文化价值，经协商再次修改设计方案并让出施工场地和施工周期予以配合。当时，区文化局通过尔冬强先生邀请邬达克侄孙子从匈牙利专程来沪考察并亲手绘制三页说明“装饰艺术派”（红砖墙面、墙体圆角、屋顶碉楼、层层退进与收敛）经典风格；设计公司受启迪并参考融入“装饰艺术派”建筑外部风格与内部功能。

也有人反映，曾承担“黑白绿”保障供给的淮海路财贸系统人才辈出，但讲述“老字号”的老劳模、老技师民间故事较少；作为城区三茬制造业硕果“星宇”“金鹿”“春雷”等街道企业品牌的民间故事也未见；淮海路东段在20世纪末出现以港资批租建设的商务楼宇群引领地标数十年，探索改革中，卢湾区率先将区属国资企业所有权与经营权剥离等创新做法没有充分表现；还有讲述港澳同胞、海外侨胞以及侨眷侨属踊跃参与引进港资的感人故事也体现不够等。

经典时尚文脉赓续，华夏文化规律可循。有专家认为，历史由人的活动组成，人都愿意追溯自己的历史，这是情怀。上海发展得太快，在进入稳步发展阶段，我们需要停顿下来思索一下，在我们自己的身上留下来什么烙印？这种情怀对年轻人很有意义，他们需要从鲜活的历史故事中汲取养分，《觉醒年代》得到当代青年认同就是因为它贴近生活，具有感染力。文化空间是留存的，物理空间会逐渐淡化。城市的文化需要一代一代人的积淀和传承，现代文化元素和老的文化元素，诸如口述史、民间故事、坊间传说之类，不少是老百姓中口口相传的，这有别于政府修志，它不拘泥于固定的格式，是在贴近生活的社区（街区）人文故事中发掘传承。为“文旅商”联动而彰显城区历史文化软实力，相信续篇将更精彩！

掩卷静思，《独秀一隅——经典时尚淮海路》生逢其时，尚需补白。好在《黄浦岁月》是系列课题，坦然后人评说，诚邀亦盼参与。感恩各方支持！期盼分享情怀！

处处有故事的

黄浦区

编后记

上海发展的鸿篇巨制中，黄浦区既有与其他区域共性的人文历史，又有独具一格的地域元素，如何从原汁原味的历史遗存中，撷取一个个鲜为人知抑或耳熟能详的故事，利于红色文化、海派文化、江南文化的传承发展，打造建筑可阅读、街区可漫步、城市有温度的文化形态，是“黄浦岁月”书系编撰和出版的宗旨。

经过一年多的不懈努力，“黄浦岁月”的首部《独秀一隅——经典时尚淮海路》得以付梓。

本书由中共黄浦区委宣传部担任指导单位，上海华夏文化创意研究中心领衔，联袂黄浦区委老干部局、黄浦区文物保护管理所，以探索民间说史的文体形式，根据区域进展脉络，积极把握中国共产党建党100周年有利契机，约请动员社会各界参与。力求从微小处切入，反映社会大事件；从烟火气着手，揭示社会大发展；用较柔性的表述方式，激发受众的阅读兴趣，为区域“文旅商”联动发展铺垫文化资源，为提升区域软实力营造人文共享的良好氛围。

黄浦区汇聚“红色文化、海派文化、江南文化”资源禀赋，具有“中国共产党诞生地、海派文化孕育地、时尚生活引领地、民族工业发祥地、世博会举办地”的文化特点。本书作者与上述诸方面有千丝万缕的交集，向读者呈现的是区域变迁中一幕幕真实的画面，引领读者体验风起云涌的战斗史诗、坐观市井烟火的生活景象、回眸长盛不衰的经典商号……阅读本书，读者能真切地感受到一种割舍不了的情愫、一种镌刻于心的挚爱、一种阐述心迹的意韵……

值此本书出版之际，特别鸣谢中共黄浦区委、区政府领导的关心和支持；鸣谢淮海中路街道、瑞金二路街道、黄浦区档案局的鼎力协助；鸣谢为此书出版辛勤工作的“华夏”人员，以及诸多同志、朋友的集思广益和努力付出。

《独秀一隅——经典时尚淮海路》是“黄浦岁月”书系的首秀，是图文并茂的读本，具有史实性与观赏性并存、便携性与引导性兼容的特点，符合“处处是景、时时宜游、行行可看、人人共享”的上海都市型全域旅游的特质优势要求。

“乘风破浪新征程　勇立潮头再启航”，这是中共黄浦区委杲云书记2022年新春贺词的标题，借此作为我们做好“黄浦岁月”书系的励志和鞭策。希冀本书为黄浦区“十四五发展规划”增彩添色，助力经典变身为网红打卡地，引导网红打卡地演绎为经典，成为“海纳百川、追求卓越、开明睿智、大气谦和”的上海城市精神和文化性格中的一分子。